Silke Scheuermann

UND ICH FRAGTE DEN VOGEL

Lyrische Momente

Mit einem Nachwort
von Hubert Spiegel

Schöffling & Co.

Für Klaus Schöffling

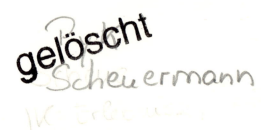

Erste Auflage 2015
© Schöffling & Co. Verlagsbuchhandlung GmbH,
Frankfurt am Main 2015
Alle Rechte vorbehalten
Der Titel des Bandes entstammt dem Gedicht
»Winterpalast« von Paavo Haavikko,
in: *Poesie. Finnisch-deutsch*. Übertragen und
mit einem Nachwort von Manfred Peter Hein.
Frankfurt am Main: Suhrkamp Verlag 1965.
Mit freundlicher Genehmigung des Übersetzers.
Satz: Fotosatz Amann, Memmingen
Druck & Bindung: Pustet, Regensburg
ISBN 978-3-89561-377-7

www.schoeffling.de

Und ich fragte den Vogel

In der Werkstatt des Tätowierers
Wie Gedichte entstehen

Und ich fragte den Vogel der ich selber bin
nach dem Weg
und er gab mir zur Antwort:

geh los beizeiten, gleich wenn die Blätter aufbrechen
aus der Nacht.
　　　　　Paavo Haavikko: »Winterpalast«

»Birds don't make good Ornithologists«, »Vögel geben keine guten Ornithologen ab«, sagte 1952 der amerikanische abstrakte Maler – und studierte Vogelkundler – Barnett Newman. Die Formulierung wird seitdem gerne kolportiert, wenn es darum geht, den Autor, insbesondere den Lyriker, für quasi unzurechnungsfähig in eigener Sache zu erklären.

Tatsächlich sind Dichter nicht diejenigen, die ihre eigene Poetik zwangsläufig am besten zu vermitteln vermögen, und vermutlich kann auch ich diese These nicht wirklich widerlegen.

Aber Vögel kennen sich mit der Sonne, den Richtungen und dem Wind aus; sie besitzen ihr Gespür, ihre Techniken, kennen ihre Möglichkeiten und Grenzen. Genau wie die Dichter. Und Poeten bewegen sich wie Vögel gemäß einer eigenen inneren Landkarte. Diese zu beschreiben ist zumindest den Versuch wert.

Ist doch, zum Glück, das Interesse an Gedichten und ihrer Genese ungebrochen, und das liegt daran, dass der eigentliche Geheimniszustand, auf den das Gedicht zusteuert, der es auslöst, den es transportiert, dass diese Essenz des Dichterischen genauso faszinierend und erklärungsbedürftig ist wie vor 2000 Jahren.

Ich werde also versuchen zu beschreiben, wie ein Gedicht »entsteht«. Ja, tatsächlich: entsteht. Denn im Gegensatz zu vielen Kollegen, die, in der Nachfolge von Gottfried Benn, behaupten, »ein Gedicht entsteht überhaupt sehr selten, ein Gedicht wird gemacht«, bin ich eben doch der Überzeugung, dass es entsteht. Das geschieht nicht oft, zugegebenermaßen, die meisten Gedichte werden in der Tat gemacht, aber daher sind die wirklich großen eben äußerst selten – manchmal kommen auch auf eine bedeutende Lyrikerin, einen bedeutenden Lyriker bloß eine Handvoll.

Doch von solchen ganz besonderen Gedichten hat, denke ich, jedes einzelne seine eigene, persönliche Entwicklungsgeschichte. Wie eine Pflanze, die wächst, oder ein Tier, das durch Lebensraum, Nahrung, Wetter, Licht geprägt ist. Kein Gedicht unterliegt lediglich dem Willen des Dichters (und seinen handwerklichen Fähigkeiten) als der einzigen Voraussetzung; vielmehr ist der Wille des Dichters bereits Teil des im Werden begriffenen Textes.

Die Prägung

Ohne dass der Autor es überhaupt weiß, beginnt ein Gedicht oft Jahre zuvor zu entstehen. Denn jeder Dichter fängt als Leser an. Eine meiner Lieblingslyrikerinnen seit der Jugend, ein Mythos in den USA, ist Sylvia Plath.

Am Schicksal der Amerikanerin erstaunte mich vor allem, wie talentiert und besessen, gnadenlos mit sich selbst und ehrgeizig man sein, wie viel man arbeiten kann, um dennoch jahrelang – zumindest nach den Kriterien der literarischen Öffentlichkeit – auf keinen grünen Zweig zu kommen.

1932 in Boston geboren, besuchte sie mit einem Stipendium das Smith College im englischen Cambridge, wo sie an ihrem gesellschaftlichen und literarischen Erfolg gleichzeitig arbeitete. Im Herbst 1958 heiratete sie den von ihr maßlos bewunderten Dichter Ted Hughes, der ursprünglich aus Yorkshire kam – ihr imponierte seine physische und geistige Stärke, seine Besessenheit von Tieren, Astrologie und der Natur –, doch sie war ihrerseits literarisch noch nicht so weit wie er; sie sah nur zu, wie er Material umformte und Erfolge feierte. Sie litt unter Selbstzweifeln, erhielt ein Ablehnungsschreiben nach dem anderen und verwarf im Geiste alles, was sie bisher geschrieben hatte. Im Prinzip war sie gewillt, alles zu tun, um sich selbst aus diesem Zustand zu retten oder sich von ihrem jungen Ehemann durch Schreibaufgaben oder einfach Zuspruch motivieren zu lassen – doch immer wieder wurde das Gefühl der Ohnmacht und inneren Leere übermächtig. Ganz und gar im Kreislauf aus Selbsthass und Verzweiflung gefangen, ließ sie im Tagebuch kein gutes Haar an sich.

Eine besonders schwere Schreibkrise und Depression im Herbst 1958 wurde abrupt und überraschend von einem gemeinsamen Besuch mit ihrem Mann im Laden eines Tätowierers (in einem von Bostons Amüsiervierteln) beendet. Ihr Tagebuch-Eintrag vom 18. September 1958 klingt geradezu euphorisch:

> Heute viel glücklicher. Warum? Ganz zaghaft fängt mein Leben an, sich selbst in die Hand zu nehmen – eine merkwürdige Regung entfesselt einen Freudenschwall, das Leben – komische, nette, ein wenig unheimliche Leute: beim Tätowierer. […] Wir fanden den Laden mit dem

Schaufenster am Scollay Square und standen davor, ich zeigte auf den Pantherkopf, die Pfauen und Schlangen an der Wand. [...] Dann kam der Tätowierer in schwarzen Cowboystiefeln zur Tür, mit fleckigem Baumwollhemd und enger, schwarzer Chinahose. »Von da draußen können Sie nichts sehen. Kommen Sie herein.«

Mit großen Augen traten wir in den kleinen, hell erleuchteten, kunterbunten Laden: Morgen Vormittag werde ich alles aufschreiben. Ich brachte den Mann zum Reden – über Schmetterlingstätowierungen, Rosentätowierungen, Kaninchenjagd-Tätowierungen, Wachstätowierungen – er zeigte uns Bilder von Miss Stella – von oben bis unten zutätowiert – von Orientalen mit Brokatmustern. Ich sah zu, wie er sich etwas auf die Hand tätowierte, einen schwarz-rot-grün-braunen Adler, und auf den Arm eines Matrosen »Japan«, »Ruth« auf den Arm eines Schuljungen – ich kippte fast um, nahm Riechsalz.

Was war passiert? Sylvia Plath sah in dem Tätowierer eine Wunschvorstellung von sich selbst: Da war er, der Verwandler, ein Mann, der über ein reiches Arsenal an Motiven verfügt und die Macht besitzt, die Körper von Menschen dauerhaft zu verändern – das war alles, was sie sich als Schriftstellerin ebenfalls wünschte. Am nächsten Tag entstand die Erzählung »Der Fünfzehn-Dollar-Adler«, die sich stark an das tatsächlich in dem Laden Erlebte anlehnt (selbst die Tatsache dass die Ich-Erzählerin ohnmächtig wurde, weil sie zu viel Blut gesehen hatte, findet sich wieder), und es liegt wohl daran, dass der Text so sehr einer Reportage ähnelt. Allerdings nicht ganz, denn am Ende passiert dann doch noch etwas, das nicht im Tagebuch steht und offensichtlich ein Fantasieprodukt der Plath ist: von der Frau des Tätowierers ist die Rede, die im Laden auftaucht. Sie wird als »rundlich und kräftig« geschildert, »bis zum Kinn in einen grellblauen Wollmantel eingewickelt« – und sie ist nirgends tätowiert, kein bisschen.

»Dieser Körper verweigert sich«, schreibt Sylvia Plath. Laura heißt sie, ausgerechnet, wie die unfassbare, unerreichbare Frau aus Petrarcas *Canzoniere*, und sie ist nicht besonders freundlich. »Sag doch den Leuten guten Tag«, muss ihr Mann, der Tätowierer, sie bitten. Aber »Laura«, so fährt die Plath'sche Erzählung fort, »sagt kein Wort. Mit der Gelassenheit einer Kuh wartet sie auf unseren Abgang. Ich sehe ihren Körper vor mir, lilienweiß und leer, der Körper einer Frau, einer Nonne, unerreichbar für die Wut des Adlers, für das Verlangen der Rose. Die Menagerie der Welt an Carmeys Wand verlangt sehnsuchtsvoll nach ihr.«

Intuitiv hat Plath erfasst, dass die Frau nur auf diese Weise für immer die Verkörperung der Zukunft sein kann: Sie trägt keine Spuren, wie sie ein Tattoo ja bewusst und deutlich darstellt, da sein eigentlicher Referenzpunkt in der Vergangenheit liegt, da es den Ausdruck der Einstellung, Sichtweise oder Motivation einer Person zu einer bestimmten Zeit darstellt. Laura jedoch legt sich nicht fest und bleibt unangreifbar. So deutet Plath positiv um, was als eine postmoderne Verfassung der Gesellschaft seine bekannten großen Risiken birgt: Der Einzelne ist unbehaust, besitzt keinen festen Identitätskern mehr.

Umgekehrt entlarvt Plath all jene, die sich tätowieren lassen, als im Grunde konservative Persönlichkeiten: In einer Welt, die gekennzeichnet ist von einem sich immer schneller vollziehenden Wandel und Fortschritt, wirkt das Tattoo rückwärtsgewandt, da es immer wieder auf dieses eine Symbol, Zeichen, diesen Namen, der zu jenem Zeitpunkt wichtig erschien, aufmerksam macht; so gesehen ist es unveränderlich wie eine Immobilie. Wer ein Tattoo trägt, wünscht, sich auszudrücken, gleichzeitig erstrebt er die Unveränderlichkeit, das Zeichen möge ewig seine Bedeutung behalten.

Die Macht der Frau liegt hier in der Verweigerung. Doch ist es wirklich eine Alternative, keine Identität zu haben, aus der Zeit zu fallen, ein wandelndes, »unbeschriebenes Blatt« zu sein? Ist es möglich, diese Frau in einer anderen Geschichte auftauchen zu lassen, als einen Geist, der sich kurz und spukhaft zeigt? Oder ist es nicht vielmehr Lauras Geschichte, eben keine zu haben – wenn ja, bleibt die Frage, wie weit das führt.

Die »leere«, unbeschriebene und unbemalte Laura ist das fantastische Gegenbild jener von Kopf bis Fuß bebilderten Stella, die Sylvia Plath auf Fotos in dem realen Laden am Scollay Square gesehen hat. Gleichzeitig ist sie – diese nicht durch die Kunst des Tätowierers verwandelte, leblose Figur, die ihrem Mann außer Stummheit und Unfreundlichkeit und Verweigerung wenig entgegensetzen kann – eine Vorläuferin jenes toten Frauenkörpers von fataler, nicht markierter und befremdlicherweise positiv konnotierter Vollkommenheit, wie sie in einem von Plaths letzten Gedichten auftaucht:

Rand

Die Frau ist vollendet.
Ihr toter

Körper trägt das Lächeln des Erreichten.
Der Anschein einer griechischen Notwendigkeit

Fließt in den Schnörkeln ihrer Toga,
Ihre bloßen

Füße scheinen zu sagen: Wir kamen bis
Hierher, es ist vorbei. […]

Während in der frühen Erzählung vom Tätowierer noch etwas vom Reiz zu spüren ist, den es auf Sylvia Plath ausgeübt haben muss, dass da jemand Gott spielte, dass er die Macht der Bebilderung, der Verwandlung von Menschen, besaß, erscheint dieser Körper als negative Utopie, als Absage daran – als das Ende einer Geschichte. Die Bezeichnungen »Toga«, »griechische Notwendigkeit« evozieren eine Tragödie im griechisch-römischen Stil, doch nicht mehr deren Verlauf, nur ihr Ergebnis ist von Interesse, beschrieben wird allein ihr Opfer. Plath gestand sich, bereits am Rande des eigenen Lebens stehend, das sie als Leben voller Misserfolge begriff, das Unvermögen ein, unter dem der Künstler leidet, wenn er im »anderen Körper«, dem Körper des Textes, einen Zustand von Perfektion und Schönheit anstrebt. Kein Adler konnte dem inneren Bild des perfekten Adlers entsprechen, kein Name wie »Ruth« für die illusionäre Perfektion der Liebe stehen, keine Rose die perfekte Rose sein. Sylvia Plaths Ehe war kurz vor diesen Gedichten zerbrochen – der reale Körper, ihr Leben, hatte ihr nicht das erhoffte Glück gebracht, und ihr auf den im anderen Körper, den Körper des Textes, bezogener Traum war immer mit einem positiv besetzten, satten, realen Leben – einem Leben des Wissens und des praktischen Umsetzens verbunden gewesen. Die junge Frau zerbrach an ihren zu hoch gesteckten Idealen. Im Alter von dreißig Jahren tötete sie sich selbst, indem sie den Kopf in den Ofen steckte.

Makaber ist, was dann geschah. Denn nun setzte, paradoxerweise, eine andere Verwandlung ein: Sylvia Plath schien ausgerechnet durch ihren verzweifelten Selbstmord auf gespenstische Weise selbst zu dem toten Körper ihrer letzten Gedichte geworden sein, jener Texte, von denen sie selbst wusste, dass sie etwas Großes geleistet hatte. Die ausufernde, teilweise absurde Rezeption ihrer Schriften und die Deuter ihres Lebens begründeten ihren Mythos jedenfalls mit dieser Übereinstimmung der Körper: Indem Sylvia Plath den eigenen Körper, sich selbst als Schreibende, tötete und somit »aus der Welt« schaffte, war ihr gleichzeitig mit dem Gedicht das Unmögliche gelungen, nämlich sich durch die größtmögliche Selbstbestrafung den unsterblichen Text-Körper erschaffen; sie war zu ihrem eigenen Kunst-Produkt geworden. Eine ruinöse Verwandlung.

Ich selbst, als Leserin, war dem bitteren Reiz verfallen, den sie dadurch auf die Nachwelt ausübte. Gleichzeitig fragte ich mich, ob es anders gekommen wäre in ihrem Schicksal, wenn sie es früher geschafft hätte, sich selbst als »Hüterin der Verwandlung« (so bezeichnete Elias Canetti den Autor als solchen) zu sehen und ernst zu nehmen, auch ohne die Anerkennung durch die literarische Öffentlichkeit?

Diese Tragödie der Begabung und Schuld – das ist in gewisser Weise romantisch, tragisch, aber auch eine durchaus problematische Prägung. Wie viele »Opfer« muss man darbringen, um »das perfekte Gedicht« zu erschaffen? Wie hoch ist der Preis?

Das innere Buch

Jene Fragen nach Glück, Scheitern, Erfolg und Liebe sind es, die mich bis heute beschäftigen, denen ich lesend und schreibend auf der Spur bin. Es ist nun schwer zu sagen, ob die Fragen vorher da waren oder die Begegnung mit Sylvia Plaths Gedichten sie erst in mir aufwarf.

Plath jedenfalls scheint für mich viel von jenem individuellen inneren Buch zu beinhalten, das meinen Wunsch nach Lektüre, das heißt die Art und Weise, wie ich Bücher auswähle, beeinflusst. Dabei orientiere ich mich nach einem inneren Programm; es findet eine Art Suche nach *dem utopischen Buch* statt. Teile davon kann ich in einem Abenteuerroman finden oder in einer Familiengeschichte oder im lässigen Parlandoton eines französischen Autors, aber auch im originell beschriebenen Tick der Nebenfigur in einem ansonsten eher durchschnittlich geschriebenen Kriminalroman. Dieses innere Buch ist ein Produkt meiner Fantasie, ich suche nach ihm, wie jeder Leser dies meines Erachtens tut, da von diesem utopischen Buch auch die besten Bücher der Welt immer nur Bruchstücke darstellen, die zum Weiterlesen animieren. Ich suche danach und finde hier mehr Fragmente als dort, suche und lese hier eher weiter als woanders. Und es ist ebenso leicht, einzelne Punkte aufzuzählen, die mir an diesem oder jenem Buch gefallen haben – und dann wieder ist es völlig unmöglich.

Neben Plath sind es Inger Christensen etwa, Hertha Kräftner, Ingeborg Bachmann, die ich als erste Prägungen nenne; oder Nicolas Borns Aufzeichnungen, allen voran seine Idee von »utopischen Gedichten«, die mich immer fasziniert hat, Gedichte, die, statt Kritik zu äußern, den Zuständen beunruhigend schöne Vorstellungen entgegensetzen. Ich bewundere Schriftstellerinnen wie Emily Dickinson oder Virginia Woolf, viele ihrer Bücher müssen magisch sein, da so viele Leser etwas in ihnen finden können; sie müssen magisch sein, denn es gelang ihnen, dauerhaft andere zu verändern, sie sind unvergesslich für die Lesebiografien unzähliger Frauen und Männer aus verschiedenen Generationen und Ländern – als hätten sie sich in die Körper der Lesenden eintätowiert mit ihren Motiven, Geschichten, Rhythmen, und wir wären alle Tätowierte.

Man kann sich die Arbeit eines Schriftstellers vielleicht als den Versuch vorstellen, seinem inneren Buch Gestalt zu geben, weil man es bisher nirgends gefunden hat.

Die Plath-Geschichte schlummerte lange in meinem Unterbewussten, bis ich vor über zehn Jahren, kurz nachdem mein erster Gedichtband *Der Tag an dem die Möwen zweistimmig sangen* (2001) erschienen war, spätnachts in einer angemessen schummrigen Kellerkneipe gemeinsam mit einem Frankfurter Bildhauer las, der auch Gedichte schreibt. Er war am gesamten Körper tätowiert. Er sabotierte unsere Veranstaltung, indem er während der Lesung einen Katalog mit Fotos seines Körpers – des gesamten Körpers, ja – herumgehen ließ, und so richtete sich die Aufmerksamkeit weit weniger auf die Gedichte, als mir lieb war.

Ein Gedicht über einen Tätowierten zu schreiben, war lange danach meine Rache – »das ist aber eine freundliche Rache«, fand eine Zuhörerin einmal, und all das, obwohl ich doch damals mit dem Künstler kaum vier Sätze gewechselt und ihn dann auch nie wieder getroffen habe.

Imponierend und inspirierend fand ich jedoch, was er mit seinem Körper alles erzählte, mit jedem Motiv. Und es erinnerte mich an meine alte Liebe, Sylvia Plath. Das alles kam letztlich in dem Gedicht »Der Tätowierte« zusammen.

Der Tätowierte

Wenn er sich bewegte
bewegten sich Bäume und Vögel
Pfauen Adler Schwäne Schmetterlinge
bewegten sich Flatterten
Kolibris winzige Drachen
Einzelwesen Landschaften
Eva von Schlangen umzingelt
bewegte sich auf dem Brustkorb
Die Tinte bewegte sich Eine Arche
Abraham mit langem Bart

bewegte sich
Noah zwischen Elefanten
Die fetten Rüssel
Gerettete Schildkröten Lurche
Die Trauer gerettet eingesperrt
zur Ansicht frei gegeben
Zebras mit Ringen Schwarzweiße Körper
Gesattelte Zebras Bären mit Ringen
durch ihre Nasen Tanzbären
Eisbären Braunbären
Das Holz des Schiffes war dunkel
Die Farben bewegten sich
Sein Schmerz war vergessen
Karmesinrot bewegte sich
Nachtblau Azurblau
Nebelweiß bewegte sich lebte
Eierschalfarbe Leben aus einem Ei
heraus geboren bewegte sich
Alles war fruchtbar sprach
Hier war alles da
Der Himmel war
hautfarben bewegte sich
Ein Buch fiel herunter
Das Zimmer bewegte
sich in gnädigem Rhythmus
Der Nachttisch das Bücherbord
Pflanzen Eine Erinnerung Eine Sorge
Ein Schrei bewegte sich
löste sich auf
Die Fenster waren geöffnet
Sommerluft bewegte sich
Stimmen Gelächter flog herein
Kinder lachten einander an

ihre Zukunft schwebte noch
eine blassblaue Skizze
Tinte war die natürliche Sprache deines Gefühls
Symbole von Sieg und Niederlage
Herzen von Pfeilen durchstochen
bewegten sich Ein Dreizack
Wasser lebte bewegte sich
Delphine lebten weil wir uns bewegten
Gift lebte Diese unnatürliche
Buntheit deiner Oberfläche
Wörter bewegten sich
Alte Namen
Die Frau von diesem
die Frau vom letzten Jahr
Abschiede bewegten sich
Wünsche schliefen lange und blieben
ich schlief mit dir umarmte
dich die Welt auf deinen Schultern zuckte
sie bewegte sich so stark ich musste
mir die Augen reiben
Es bewegten sich
die Madonnen
Fische Amphibien Kreuze
Berge Zauberer Kreuze
Nixen Feen Satan Kreuze
Es floss alles Bilder bewegten sich
ich bewegte mich auf ihm
Das neue Leben bewegte sich
Ich glaubte ich
könnte es spüren
Ein Name klein noch
Münder und Zweige bewegten sich
Kuriose Schnecken zogen ihre Häuser mit sich

Die Häuser bewegten sich
wenn du hustetest oder
dich umdrehtest
du schliefst
Ich bewegte mich mit dir
Träume bewegten sich
Die Augen der Häuser ließen uns eintreten
Ich krallte mich in deinem Blick fest
Der Blick bewegte sich
ich schwebte schrie und
musste gehalten werden vom Zimmer
Du glaubtest an Tinte
Du schriebst Schreie immer auf übersetztest
Dein Körper war weiß und
unschuldig doch er bewegte sich
es bewegte sich alles
Wir bewegten uns
wir tätowierten uns
gegenseitig
jede Nacht
Nach jedem Mal war noch
ein wenig Farbe auszubluten
Wir glaubten an das Blut

Es wäre ein anderer Text geworden, wenn ich nicht, zu der Zeit als »Der Tätowierte« entstand, zufällig noch einmal Joseph Brodskys Langgedicht »Große Elegie an John Donne« gelesen hätte, das mit der schönen Zeile »John Donne schlief ein« beginnt und die Welt dann in einen todesähnlichen, aber sanften Schlafzustand versetzt – darauf ist mein Gedicht «Der Tätowierte» in formaler Hinsicht der Versuch einer Antwort.
    Im Nachhinein wirkt es so, als wäre beim Entstehen dieses

Gedichts ein Zufall zum nächsten gekommen, und vermutlich ist es auch so. Doch angenehmerweise wird dem Autor dies erst klar, wenn der Text fertig ist, denn während des Schreibens befindet man sich im Glauben, man sei da etwas Notwendigem auf der Spur, einer Wahrheit, einer Sache, die dringend genau so ausgedrückt werden musste und nicht anders. (Ich vermute, dass Dichter, die vor allem auf traditionelle Reimformen zurückgreifen, sich dann am Schluss, wenn der Text fertig ist, ein wenig der Illusion hingeben, das Gedicht müsse genau so dastehen, wie es das da zufällig gerade tut – eben weil die Metrik, der Reim stimmen und der Autor aus seiner bewusst eingegrenzten Auswahl seine vermeintlich beste Wahl getroffen hat.)

»Der Tätowierte« war also irgendwann fertig. Und selbstverständlich war ich nicht zufrieden. Es erging mir, wie es vielen Schriftstellern geht, wenn sie sich für ein Thema begeistert haben. Ich fand, da wäre noch einiges mehr zu sagen. Vor allem fielen mir parallele Fragestellungen auf, die sowohl das Tattoo als auch das Gedicht beziehungsweise die Gedichtlesung betrafen.

Da wäre einmal die Frage nach der Authentizität: Kann das Tattoo wirklich ein authentisches Zeichen sein? Ist es nicht eher ein theatralisches Zeichen: Jemand will sich in Szene setzen, ist um Auffallen bemüht?

Genau diese Fragen stelle ich mir bei Gedichtlesungen, meine eigenen mit eingeschlossen, immer wieder: Ist das authentisch oder Theater? Das rauchig-leise Geflüstere des seit zwanzig Jahren glücklich verheirateten Liebeslyrikers, der Wutschrei des Sprachartisten, der seine Wut längst institutionalisiert und sich eine Professur an Land gezogen hat – ist das der wahre Ausdruck ihres Gefühls oder nichts als bewusste Manipulation des Zuhörers?

Meines Erachtens ist zwar beides der Fall, doch das Entscheidende ist, was dem Tätowierten und dem vortragenden Dichter gemeinsam ist: der Glaube an die Authentizität – und dieser Glaube ist es, der hier in Szene gesetzt wird. Eine Art Gottesdienst also, missionarisches Tun.

Es ist unwahrscheinlich, dass sich ein Tätowierter ein ihm völlig bedeutungsloses Zeichen oder einen Namen, von dem er noch nie gehört hat, auf ewig in die Haut brennt, und es ist meiner Meinung nach sehr wahrscheinlich, dass der Dichter sich mehr oder weniger gekonnt theatraler Mittel bedient, um beim Publikum eine ähnliche Stimmung zu erzeugen, wie er sie beim Verfassen des Textes gehabt oder gewollt hat. Mühsam genug ist es ja.

Von Zeichen und Prophezeiungen

Dass *Moby Dick* heute für eine der großen Erzählungen der Weltliteratur gehalten wird, verdankt sich auch den darin vorkommenden, als sehr modern begriffenen Chiffren für die Lesbarkeit – beziehungsweise die prinzipielle Unlesbarkeit – der Welt, die darin benutzt werden: Tätowierungen. Die paradoxeste und schönste Geschichte eines tätowierten Körpers überhaupt ist für mich jene von Queequeg, jenem Wilden, der mit dem Erzähler Ishmael auf dem Walfängerschiff anheuert. Queequeg ist über und über mit seltsamen, für Ishmael unverständlichen Zeichen tätowiert – Zeichen, über deren Bedeutung die Leser vom Erzähler erst später im Buch mehr oder weniger aufgeklärt werden.

Beim »Wilden« Queequeg handelt es sich um den Angehörigen eines indigenen Volkes, bei dem die Tätowierungen mit ihren verschiedenen Mustern und Zeichen ein tradiertes Wissens- und Kultursystem bilden, das sich auf die Erzählungen und Mythen des jeweiligen Stammes bezieht. Die Tätowierungen haben hier die Funktion, diese Mythen und Erzählungen – »vom Leben, von der Welt, von der Gemeinschaft, von metaphysischen Vorstellungen« – weiterzugeben und zu bewahren; und zwar in ihrer eigenen, symbolhaften Form. Bei Queequeg ist es ironischerweise so, dass er selbst nicht versteht, was da auf ihm geschrieben steht. Dies erzählt Ishmael zu dem Zeitpunkt der Geschichte, als Queequeg auf der Seereise krank wird – sterbenskrank, der Tischler baut ihm bereits einen Sarg. Dann kommt es jedoch überraschend zu einer Art Blitzgenesung, und der Wilde macht aus der als letzte Ruhestätte gedachten Kiste ein hübsches kunsthandwerkliches Objekt, das er für die Aufbewahrung seiner Habseligkeiten benutzen möchte. Er schnitzt Figuren und Zeichen in den Deckel, wobei er die Tätowierungen von seinem Körper überträgt, »eine mystische Abhandlung über die Kunst der Wahrheitsfindung«, die das »Werk eines verblichenen Propheten und Sehers seiner Insel gewesen« waren.

Und, noch eine ironische Wendung: Am Schluss des Buches ist es ebendiese Holztruhe, die Ishmael beim Schiffsunglück als Einzigem das Leben rettet. Sie taucht wie eine Boje aus dem Wasser auf. Ishmael hält sich an ihr fest und treibt »auf einem weichen Meer, so lind wie eine leise Totenklage« einen Tag und eine Nacht umher. Mit Ishmaels Rettung durch die *Rahel*, ein Schiff, das wie die biblische Figur auf der Suche nach ihren Kindern zu sein scheint, endet einer der bedeutendsten Romane der Weltliteratur.

Genau hundert Jahre später, 1951, erscheint *Der illustrierte Mann* des amerikanischen Autors Ray Bradbury. Der titelgebende Ganzkörpertätowierte taucht in der Rahmenerzählung um siebzehn Erzählungen herum auf, er ist ein Landstreicher. Der Ich-Erzähler trifft ihn draußen beim Herumziehen. Die beiden übernachten im Freien nebeneinander, und der illustrierte Mann erzählt vor dem Einschlafen, wie er zu seinem bebilderten Körper kam. Demnach hat er sich im Jahr 1900, mit zwanzig Jahren, aus Langeweile nach einem Beinbruch am ganzen Körper tätowieren lassen, und zwar von einer alten Frau, die nach ihrer Arbeit wieder zurück in die Zukunft, aus der sie kam, gegangen sei. Die Illustrationen, behauptet er, würden die Zukunft voraussagen. Klar wird bei dieser Eröffnung, dass es sich durchaus um Tätowierungen handelt, Bradbury ihnen aber eine Besonderheit zuschreibt.

»Wenn man sie ansieht, bewegen sich die Bilder, dann kann man in drei Stunden achtzehn oder zwanzig Geschichten auf meinem Körper aufgeführt sehen«, sagt der illustrierte Mann. »Alles ist da und wartet nur darauf, dass jemand zusieht. Aber am wichtigsten ist eine ganz besondere Stelle. Wenn ich lange genug mit jemandem zusammen bin, verschwimmt diese Stelle und wird ganz klar. Es zeigt das Leben des Betrachtenden, wie er mit sechzig aussehen, wie er sterben wird.«

Der Ich-Erzähler ist natürlich neugierig geworden, er wacht neben dem schlafenden Tätowierten, starrt auf die Bilder auf seinem Körper und lässt sich die Nacht hindurch alle sechzehn Science-Fiction-Geschichten erzählen – bis nur noch die eine Stelle, vor der er gewarnt wurde, übrig ist.

Gerade noch sieht er auf der Haut den Beginn seiner Sterbeszene, wie der Tätowierte ihm die Hände um den Hals legt, um ihn zu erwürgen, da flieht er, eben rechtzeitig, in die nächste Stadt: Sterben muss auch dieser Erzähler nicht; wie hundert Jahre zuvor Melville meint der Autor es gut mit seinem Helden.

Wie die Bilder sich verhalten, wie sie zu leben beginnen, das verhält sich bei Bradbury exakt so, wie Vilém Flusser es in seinem Essay »Das Bild« als ein »Scanning« beschreibt:

Die Bedeutung des Bildes kann man auf einen einzigen Blick hin erfassen – aber dann bleibt sie oberflächlich. Will man die Bedeutung vertiefen, das heißt die abstrahierten Dimensionen rekonstruieren, muss man dem Blick gestatten, tastend über die Oberfläche zu streifen. Dieses Schweifen über die Oberfläche soll »Scanning« genannt werden. Dabei folgt der Blick einem komplexen Weg, der zum einen von der Bildstruktur, zum anderen von den Intentionen des Betrachters geformt ist. Die Bedeutung des Bildes, wie sie sich im Zuge des Scanning erschließt, stellt demnach eine Synthese zweier Intentionen dar: jener, die sich im Bild manifestiert und jener des Betrachters.

Das »Lesen« der Tätowierung erscheint als der umgekehrte Prozess ihrer Herstellung. So weit möchte ich es an dieser Stelle bei den Klassikern und der Theorie belassen. Aber wie sieht es in der Realität aus? Wer macht eigentlich die Tattoos? Wie steht der Tätowierer zum Klienten? Wie wird der Prozess des Tätowierens empfunden, welche Beziehung haben die Tätowierten zu den Tätowierern? Ich sehe mich »im Milieu« um, gehe auf Tätowierermessen, lese die einschlägigen Fachblätter, wovon es im durchschnittlichen Zeitschriftenkiosk im Übrigen weit mehr gibt als Literaturzeitschriften.

Ich hatte mir beispielsweise vorgestellt, dass Tätowierte ein vertrautes, vielleicht freundschaftliches Verhältnis zu »ihrem Tätowierer« besäßen. Man lässt ja nicht jeden an seine Haut. Dass es aber gar nicht so persönlich zugehen muss, sondern dass Respekt und beeindruckende Fremdheit auch eine Rolle spielen können, erfuhr ich, als ich mit den stark tätowierten Niederländern Gustav und Piet am Amsterdamer Hauptbahnhof ins Gespräch kam.

Sie lassen sich am liebsten auf Reisen »stechen« – Gustavs großer Oberarm-Elefant, dessen Bauch mit Frauen gefüllt ist, stammt zum Beispiel aus Sri Lanka –, dabei reden sie von der »magischen Aura« der fremden Tätowierer, in deren Hände sie sich begeben, dem kathartischen Schmerz, den sie auf sich nehmen wollten, wenn sie sich wunschgemäß ohne Betäubung ein bestimmtes Symbol, eine Erinnerung eingravieren lassen. (Ist es nicht so, dass unter Schmerzen geschriebene Gedichte uns am »echtesten«, »authentischsten« vorkommen?)

In der Werkstatt des Tätowierers

Mit Gustavs oder Piets Augen betrachtet, erschien mir der Beruf des Tätowierers, diese zwischen Handwerk und Kunst angesiedelte Tätigkeit, in höchstem Maße verantwortungsvoll und bewundernswert. Der Tätowierer schöpft aus einem reichen Fundus an tradierten Motiven – viele ähneln den Lieblingsthemen der Lyrik: Rosen, Frauen, Löwen –, er greift auf Sagen, Märchen, Fantasy-Epen zurück, ordnet Versatzstücke auf dem fremden Körper zu einer privaten Mythologie, einem individuellen Bekenntnis zur Schönheit. Bevor er jemanden mit dem Ausweis seiner Werkstatt herumlaufen lässt, und das für lange Zeit, muss der Tätowierer sich in die Situation des zu Tätowierenden versetzen (womit auch gemeint sein kann, sich zu überzeugen, dass jemand es ohne Betäubung aushält, wie Gustav), er präsentiert dem Kunden sein Angebot, zeigt ihm Fotos und Alben, fragt nach Farbgebung und eventuellen Sonderwünschen. Vielleicht einigt man sich sogar auf das Anbringen eines neuen, vom Kunden mitgestalteten Ornaments. Diese doppelte Verantwortung des Tätowierers erinnert mich an den Ideal-Künstler, wie Canetti ihn in seinem Essay »Der Beruf des Dichters« beschrieben hat: als »Hüter der Verwandlung«. Einerseits solle er – Canetti meint damit in erster Linie den Schriftsteller – seinem Mitmenschen ein so hohes Maß an Empathie entgegenbringen, dass er imstande sei, »zu jedem zu werden, auch zum Kleinsten, zum Naivsten, zum Ohnmächtigsten«, sich in dessen Lage zu versetzen. Andererseits müsse er sich das »literarische Erbe der Menschheit zu eigen« machen, mit den vertrauten Sagen und Mythologien operieren, sie abwandeln: das *Gilgamesch*-Epos und die beiden Grundbücher der Antike, die *Odyssee* sowie Ovids *Metamorphosen*, seien hier ein unerschöpflicher Fundus.

Das Tätowieren erscheint mir als eine perfekte Metapher für das, was ich im Sinn habe, wenn ich – ausgehend von Sylvia Plath – vom Schreiben als dem »Traum, einen anderen Körper zu haben«, spreche.

»Alles in Haut eingeritzt / Dunkel konturiert« – es stand für mich fest, dass ich mit meinem Gedicht die Möglichkeiten und Macht des Tätowierers einfangen wollte, aber auch die des Dichters. Es sollte kein in feste Formen gepresstes Gedicht werden, sondern auf dem Papier wachsen wie etwas Organisches, um zuletzt ebenso notwendig und selbstverständlich dazustehen wie das Tahitiwort Tatu, das lautmalerisch auf das Geräusch verweist, das beim Schlagen auf den in Polynesien traditionell benutzten Tätowierkamm entsteht. Während der Schreibarbeit, als die Worte ihr Eigenleben begannen, ergab es sich, dass die Rolle des Tätowierers sich zuletzt ambivalenter darstellte, als von mir ursprünglich gedacht. Demut und Skrupel sind die Begleiter des Künstlers, die Angst vor mangelnden Aufträgen und nicht zuletzt das Unvermögen, vor der letzten Instanz die Aufgabe zu meistern, der Zeit: Ein anderer tippt das Todesmotiv.

Der Tätowierer

Alles in Haut eingeritzt
Dunkel konturiert
Selbst die plötzlich im Schulterblatt
stehende Sonne wandert
mit schwarzem Rand

Keiner der Kunden
weiß wie lang er
nach dem besten Hersteller für
flüssiges Schwarz suchen musste
Zuweilen stand er sehr allein da
mit seinem Irrsinn und seinem Lieblingsgetier

Der Laden blieb offen
doch keiner kam
Sie verpassten
die riesenäugige Seeschlange die
sich über der Sehne abzeichnet

den Troll der sich
mit dem Schienbein anfreundet
den kleinen Christus am Kreuz
All die Adler Schwalben Initialen
Tätowierers Rede während

er die Skizzen zeigt
Seht sagt er Genießt den Glanz
Bin ein schwacher Mann
einer der Seele
stempelt auf solche wie dich da

Doch was ist Leben sonst
als umfunktionierte Verletzung
jahrelanges Blättern in Entwürfen
und dann tippt ein anderer Finger
aufs beste Das Todesmotiv

So sind also meine beiden Gedichte über Tätowierer entstanden. Ich habe versucht zu zeigen, welche Überlegungen den Prozess begleiteten, welche Spuren auf diese Gedichte zuführten, welche aus ihnen wieder hinaus, zu neuen. Und doch kann ich, Vogel, der ich bin, kein Rezept für die genaue Abmischung der Zutaten geben. Zumindest nicht, wenn der Einsatz auch aus dem Körperlichen der Sprache besteht, aus den Klängen, den Bildern, den Träumen. Und wenn man beim Lesen etwas finden will, das einen wirklich verwandelt. In diesem Sinne kennt das Gedicht keine Abkürzung.

(2012)

Der Traum im anderen Körper
Wie Arachne heute webt

Eine Frage, die mich immer wieder beschäftigt (und die mit Sicherheit mit meinen Lieblingsautorinnen als sehr junge Leserin zu tun hat), ist jene, was der Traum vom perfekten Gedicht, von perfekter Kunst, den Künstler oder die Dichterin kosten kann. Wie kam es dazu, dass sich Sylvia Plath, Ingeborg Bachmann, Hertha Kräftner, Anne Sexton – um nur die bekanntesten zu nennen – buchstäblich für ihr Werk geopfert haben auf der Suche nach ihren, wie ich sie nennen möchte »utopischen Texten«, Texten, die so voller betörender Schönheit stecken, dass der Mythos der sich opfernden Künstlerinnen dem lesenden Publikum auf eine geradezu perverse Art zwar tragisch, aber doch unausweichlich erscheint?

Durch die Schriften von Elias Canetti und vor allem sein Diktum vom Schriftsteller als »Hüter der Verwandlung« hatte sich mir ein positiv besetzter Begriff der Verwandlung eingeprägt: Dichter sollten Lust haben auf die Erfahrung, ein »anderer von innen her« zu sein – das klingt doch spielerisch, reizvoll. Im Nachklapp heißt es bei ihm aber auch mahnend: Daher dürften Schriftsteller nie von den Zwecken bestimmt sein, aus denen unser normales Leben besteht, sie müssten »völlig frei sein von jeder Absicht auf Erfolg oder Geltung« und die Leidenschaft der Verwandlung »um ihrer selbst willen« hegen. »Nur durch die Verwandlung in dem extremen Sinn, in dem das Wort hier gebraucht wird, wäre es möglich zu fühlen, was ein Mensch hinter seinen Worten ist, der wirkliche Bestandteil dessen, was an Lebenden da ist, wäre auf keine andere Weise zu erfassen.« Gar nicht so leicht.

Wenn also Sylvia Plath davon träumte, sich in eine Dichterin zu »verwandeln« und ihr das nach eigener Ansicht und sowohl an äußerem Erfolg als auch innerer Zufriedenheit mit der Arbeit gemessen zu Lebzeiten nicht gelang – was bedeutete das für ihr Leben und Schreiben? Musste es zu diesem tragischen Ende, dem Selbstmord, kommen?

Nimmt man ihre Tagebücher und das darin geschilderte Unglück ernst, so definiert sich schon die noch sehr junge Sylvia Plath als ein ziemlich unzulängliches, ja geradezu über Mängel definiertes Wesen.

Als Leserin konnte ich das immer gut verstehen; es geht wohl vielen so, ob Künstler oder nicht. Die Erfahrung des Mangels ist wohl die erste und andauerndste Erfahrung, die wir als körperliche Wesen machen, und die unvermeidlichste, wenn wir wachsen, leben und altern. Wir lernen dazu, aber wir erfahren auch, dass wir nicht so geschmeidig sind wie Ballett-Tänzer, nicht so strategisch wie Schachprofis, nicht musikalisch genug, um eine Arie nachzusingen, nicht ausreichend geschäftstüchtig, um zu Geld zu kommen, nicht so schön wie die Filmstars, alles Menschen der Superlative, die uns die Medien zeigen, mit denen wir groß werden. Keiner von uns, so scheint es, kann der Welt genügen, keiner ist ihrer grundsätzlichen Fremdheit und Kaltschnäuzigkeit gegenüber menschlichen Bedürfnissen wie Liebe oder Sehnsucht gewachsen. Wir alle sind Opfer der Übermacht an Anforderungen geworden. Gegenmittel werden dringend gebraucht. Ein mögliches, und für mich wohl das einzige, das ich gebrauchen kann, ist: die Sprache.

Die Utopie des Schreibens lautet, anders in der Welt zu stehen. Einen anderen Körper zu haben, einen weniger beschädigten, weniger angreifbaren – einen Körper aus Text, der nicht so unzulänglich oder lächerlich wäre wie der eigene Körper mit seiner Schwerfälligkeit, Begriffsstutzigkeit, mit all den Defekten. Schreiben wäre also zuallererst eine Rettungsaktion. Schließlich hat man als Kind erfahren, was alles möglich ist mit der Sprache: Man äußert, was man will, man bekommt es; dadurch besitzt man Einfluss. Doch das ist eine übermächtige und schöne Erinnerung, die sich dann, später, nie wieder erfüllt. Es ist der Traum, dass sich der Welt durch die Sprache, durch den perfekten Text, der eigene Wille aufzwingen, Macht ausüben ließe. Man könnte, ein wunderbarer Nebeneffekt, auf diese Weise aus der realen Welt fliehen, man könnte allen beurteilenden Blicken entkommen, nur noch im Text stecken, man hätte sich verwandelt. Es würde so sein, dass jedem, wirklich jedem, der Text gefiele, der utopische Körper dieses Textes, in dem das Ich steckt. Ein Traum, der der Traum einer Verwandlung ist.

Anne Sexton als Projektionsfläche

Der Name Anne Sexton fällt in Plaths Tagebüchern mehrfach: Die vier Jahre ältere Schriftstellerin, die zeitweise mit Sylvia Plath im selben Bostoner Schreibseminar saß, wurde von der Jüngeren glühend um ihren Erfolg beneidet, denn mit ihrem ersten Gedichtband *Ins Tollhaus und halb wieder heraus*, geschrieben nach einem Aufenthalt in der psychiatrischen Bedlam-Klinik, war Sexton mit dreißig Jahren sofort zum Star der amerikanischen Literaturszene avanciert. An ihrem Beispiel schien sich auf die perfekteste aller denkbaren Weisen die Verwandlung vollzogen zu haben, die Sylvia Plath sich wohl wünschte: die von der bürgerlichen Hausfrau in eine Stardichterin. Sexton selbst war sich dessen voll bewusst und hat dafür ein halb ironisches, halb ätzendes Bild entworfen: »Wenn ich *rats* schreibe und entdecke, dass *rats* rückwärts *star* ist und wenn erstaunlicherweise *star* wunderbar und gelungen ist, weil ich es in *rats* gefunden habe, ist dann *star* nicht wahr?«

Ihr kreatives Potenzial – das zeigt schon die Entstehungsgeschichte zu *Ins Tollhaus* – war aus negativen Kräften gespeist, und ihr Lieblingspalindrom von *star* und *rats* verweist auf die für ihre ganze Lebensgeschichte so bezeichnende Vorstellung, ihr Körper sei Schauplatz eines Kampfes zwischen ihrem beschädigten, von den Traumata der Vergangenheit und familiärem Unglück besetzten Selbst sowie einem prächtigen, auf öffentlichen Erfolg und persönliches Glück ausgerichteten lyrischen Ich. Und auch hier gibt es – wie bei Sylvia Plath – wieder Hinweise auf eine andere Möglichkeit von Verwandlung, eine, die weniger positiv besetzt ist als jene Canettis, die für die Kunst auf ihre spezielle Weise dennoch ebenso fruchtbar wird: Verwandlung beinhaltet hier, als rhetorische Figur, die Verschränkung von Destruktion und Kreativität.

Anne Sexton reflektierte dies in einer Reihe von in jeder Hinsicht, auch thematisch, außergewöhnlichen Gedichten: *Verwandlungen* heißt ihr fünftes Buch, ein für die Autorin untypisches Werk, weil sie darin nicht ausschließlich autobiografisch arbeitete, keine reine Bekenntnislyrik schrieb, sondern sich tatsächlich – als »Hüterin« – die Grimm'schen Märchen aneignete.

Linda Sexton, die ältere von Annes beiden Töchtern, erinnert sich in ihrer Autobiografie *Auf der Suche nach meiner Mutter* an die Entstehungsgeschichte dieses Gedichtbandes:

Eines Nachmittags kam Mutter in die Küche und fand mich mit meiner üblichen Gemüsesuppe vor einem an den Salzstreuer gelehnten Buch sitzen.

»Was liest du denn, Schatz?«
Ich drehte den blauen Buchrücken nach außen. *Grimms Märchen*, erwiderte ich, kaum aufsehend.

»Du kriegst diese alten Geschichten wohl nie über?« Sie setzte sich neben mich und dachte nach, Zigarettenrauch stieg in Kringeln nach oben. [...] Ich hatte diesen Ton ihrer Stimme schon früher gehört. Ein nachdenklicher Ton. Ein klein wenig erregt.

»Welche magst du am liebsten?« Sie zog eine Serviette aus dem Serviettenhalter, der neben der handbemalten Zuckerdose stand, die sie von ihrer Nana geerbt hatte.

»Die zwölf tanzenden Prinzessinnen«, »Das Bäuerlein«, »Gevatter Tod«, Rapunzel«, »Dornröschen«, »Die weiße Schlange«, »Eisenhans«. Ich dachte laut beim Sprechen, sie kritzelte die Titel mit einem Bleistift auf die Serviette. Die Serviette zerriss unter der stumpfen Mine, aber das hielt sie nicht ab. Als ich fertig war, hatte sie eine ganze Liste zusammen und verschwand wieder in ihrem Arbeitszimmer.

Das wichtigste und persönlichste Gedicht des Bandes, der schließlich 1963 erschien, ist eine Darstellung von Anne Sextons eigener Geschichte und steht ganz am Ende des Buches: »Sleeping Beauty« heißt es, »Dornröschen«. Es umfasst fünf Seiten. Zuerst wird eine in ihrer Enge unheimliche, anscheinend inzestuöse Vater-Tochter-Beziehung geschildert, der Vater schirmt seine Prinzessin, sein »Puppenkindchen«, im Schloss von allem Übel ab, ein Zustand, der erst über eine gute halbe Druckseite hinweg festgestellt wird, angefangen mit »Denkt euch / ein Mädchen, das immerzu, / die Arme schlaff wie alte Karotten, / in die Trance des Hypnotiseurs fällt, / in eine Geisterwelt«, bevor er in der zweiten Strophe mit der Verwünschung der dreizehnten Fee bei Dornröschens Taufe so etwas wie eine Begründung erfährt:

Einmal
feierte ein König die Taufe
seiner Tochter Dornröschen,
und weil er nur zwölf goldene Teller hatte,
lud er nur zwölf Feen
zu dem großen Ereignis ein.
Die dreizehnte Fee,
ihre Finger waren so lang und dünn wie Strohhalme,
ihre Augen waren von Zigaretten verbrannt,
ihr Uterus war eine leere Teetasse,
kam mit einem bösen Geschenk.

Nach der Prophezeiung ist zu lesen, wie der Fluch sich erfüllt:

> An ihrem fünfzehnten Geburtstag
> stach sie sich
> an einem verkohlten Spinnrad in den Finger,
> und die Uhren blieben stehen.
> Jawohl. Sie schlief ein.
> Der König und die Königin schliefen ein.

Es folgt eine Beschreibung des schlafenden Hofes, in der »alle in Trance« liegen und viele Prinzen versuchten, die Dornenhecke zu durchdringen. Einem gelang es schließlich, und Sexton schreibt ironisch »Presto! Sie ist raus aus dem Gefängnis«:

Und nun? »Alles ging gut«, fährt Sexton fort – doch nur scheinbar:

> bis auf die Angst –
> die Angst zu schlafen.

Dornröschen litt an Schlaflosigkeit ...
Sie konnte weder ein Nickerchen machen
noch fest schlafen
ohne die K. o.-Tropfen,
die ihr der Hofchemiker mischte ...

Diese Wendung ist großartig, denn die Märchenerzählerin Sexton suggeriert, die Rettung hätte in Wirklichkeit nicht stattgefunden:

Ich darf nicht schlafen,
denn im Schlaf bin ich neunzig
und denke dass ich sterbe.
In meiner Kehle rollt der Tod
wie eine Murmel,
Als Ohrringe trage ich Schläuche. Ich liege still wie eine
               Eisenstange da.
Ihr könnt mir eine Nadel
durch die Kniescheibe stechen, und ich werde nicht
               zucken.
Ich bin mit Novocain vollgepumpt.
Mit diesem Trancemädchen
könnt ihr machen, was ihr wollt.
Ihr könnt sie in ein Grab legen, ein grässliches Paket ...

Der Fluch bleibt präsent, auch nachdem er aufgehoben ist. Dornröschen hat sich nicht wieder in die Alte verwandelt, es sieht nur so aus. Die erfolglose Rückverwandlung stellt eine Pointe dar, die alle Märchen an der Wurzel aushebelt, weil dort mit der neuen Gestalt auch immer eine neue Psyche mitgeliefert wird. Anne Sexton beschreibt dagegen keine Utopie des neuen Körpers, nein, sie macht darauf aufmerksam, dass dort ein Albtraum gelebt wird.

Dornröschen kann nicht mehr schlafen, denn ihr ist die Ohnmacht, in der sie als jahrelang Schlafende gelebt hatte, schmerzhaft bewusst. Immer wieder spielt sie in ihrer Fantasie Angstszenarien durch, die sich bis in jene des Vaterinzests steigern: was alles mit ihr hatte gemacht werden können und vielleicht wieder gemacht werden würde, schliefe sie ein. Anne Sexton vollzog in ihrem Schreiben einen ähnlichen Akt des Dauerwachzustands, da sie die eigenen Erinnerungen derart exzessiv ausbeutete, dass jene Rettung, die das Vergessen ja manchmal auch bedeuten kann, nicht stattfinden konnte.

Am Ende bleibt Dornröschen keine andere Flucht als jene in Selbstmordfantasien:

> Was für eine Reise diesmal, kleines Mädchen?
> Dieses Rauskommen aus dem Gefängnis?
> Gott behüte –
> dieses Leben nach dem Tode?

Mit dieser Frage endet *Verwandlungen*. Anne Sexton schrieb noch zwei weitere Gedichtbände, dann brachte sie sich mit Ende vierzig ebenfalls um – Plath und Sexton treffen sich bei aller Verschiedenheit in der grausamen Logik, dass der Tod Heilung verspricht. Ein böses Ende der beiden Lebensgeschichten – als Leserin, als »Fan«, hätte ich es gerne umgeschrieben.

Mythos Arachne

Es ist ein uralter Mythos, der sowohl der Sexton- als auch der Plath-Legende zugrunde liegt, zwei Künstlerinnen, die für ihre ehrgeizigen Herausforderungen an das Schicksal bestraft werden, indem sie fortleben als Teil ihrer eigenen Arbeit und gleichzeitig Opfer sind, die dafür mit dem Leben büßen mussten: Es ist der Mythos der Weberin Arachne, die, in eine Spinne verwandelt, als fantastischer Körper selbst zu einem Teil ihrer Kunst wird. Der Mythos findet sich am Anfang des sechsten Buchs von Ovids *Metamorphosen*, und hier werden die Problematik des Traums im anderen Körper sowie jene, Hüter der Verwandlung zu sein, in einem utopischen Raum gelöst.

Die Göttin Pallas Athene hatte gehört, es gebe in der Welt der Menschen eine Weberin, die ihre Kunst ebenso beherrsche wie sie selbst. Die neugierig gewordene Athene verwandelt sich daraufhin in eine Greisin und rät Arachne in dieser Gestalt, sich vor der Göttin zu demütigen. Arachne lehnt nicht nur ab, sondern fordert, die Greisin als vermeintliche Vermittlerin benutzend, im Gegenteil Pallas Athene zum Wettstreit heraus. Arachnes Haut rötete sich dabei voller Erwartung, heißt es bei Ovid – als hätte sie nur auf die Gelegenheit zum Wettstreit gewartet, als fieberte sie ihm entgegen.

Ovid betont in dieser Erzählung Arachnes schlichte Herkunft: Die Färberstochter aus einem kleinen Dorf hat sich emporgearbeitet, sie verdankt ihr Ansehen allein ihrer Kunst, einer Kunst, die von sich reden macht. Die neugierigen Nymphen von den Bergen und Flüssen bewundern dabei nicht nur die fertigen Webarbeiten, sondern auch ihre geheimnisvolle Entstehung, in deren Verlauf die rohe Wolle zunächst zu Kugeln geballt, dann zwischen den Fingern gepresst, wiederholt gezogen und mit dem Daumen gedreht wird, bis man sie schließlich zum Teppich verwebt. Wie bei Sylvia Plath im Tätowiersalon wird die Technik nicht als solche gesehen, sondern im Vordergrund steht der Zauber des Handwerks; es ist, als geschehe da ein sichtbares kleines Wunder.

Das stolze Verhalten der Arachne motiviert Ovid durch

ihre soziale Herkunft: Allein durch ihre Kunst habe sie sich emporgearbeitet, wer könnte sie also tadeln, stolz darauf zu sein? Hier gibt es wieder Parallelen zum sozialen Ehrgeiz der Plath, die in ihren Tagebüchern mehrfach darauf hinweist, wie durchlässig ihr die Gesellschaft manchmal für einen Künstler vorkommt: Ihr Mann und sie werden zu Prominenten jeder Provenienz geladen – nur ist es eben ihr Mann, der die Eintrittskarte darstellt, und obwohl Sylvia Plath es nicht beabsichtigt, ist auch er rasch zu einem ihrer vielen Konkurrenten geworden.

In Ovids Erzählung verlässt Pallas Athene die Greisinnengestalt und gibt sich zu erkennen. Die beiden Wettstreitenden machen sich an die Arbeit.

An Arachnes fertigem Teppich findet die kritische Göttin nichts auszusetzen. Wütend zerreißt sie das Werk der Sterblichen und schlägt sie mit dem Weberschiffchen. In ihrem Stolz zutiefst getroffen, erhängt sich Arachne, Pallas Athene fängt sie auf und verwandelt sie in eine Spinne. Nicht übersehen werden darf hier die Tatsache, dass Arachne selbst Hand an sich legt, das heißt, es handelt sich im Prinzip um eine Selbstbestrafung, denn eigentlich ist es nochmals ihr Stolz, ihr bester und zugleich schlechtester Charakterzug, der ihr zum Verhängnis wird. Am Ende greift Pallas Athene fast begnadigend ein, indem sie den Tod durch eine Tierverwandlung ersetzt, eine Verwandlung, die die »Perpetuierung« einer menschlichen Verhaltensweise darstellt: Zum Tier geworden, ist es Arachne nicht mehr möglich, etwas anderes zu tun als ihre Kunst auszuüben.

Stellt sich die Frage, ob diese Kunstausübung ohne Störung durch menschliches Streben, sozialen Neid, Emotionen eine Horrorvorstellung darstellt – oder nicht doch ein Ideal.

Dieser Aspekt im Mythos – Verwandlung, die nicht äußerlich sichtbar ist – hat lange vor Anne Sexton bereits die deutschsprachige Dichterin Gertrud Kolmar interessiert: Ihr Arachne-Gedicht im Zyklus der *Tierträume* zeigt die »Perpetuierung« eindrücklich, weil sie die Spinnerin vor der Verwandlung schildert, als überforderten physischen Körper, schon längst kein Mensch, keine Frau mehr, sondern völlig gefangen in den eigenen Netzen ihrer Kunst, die ihre Kunst trotz aller Müdigkeit immer weiter ausübt. Im Gegensatz zu Sextons Dornröschen, wo der Albtraum unablässig im nur scheinbar geheilten utopischen Körper weiter stattfindet, setzt Kolmar ihren Akzent andersherum: Spinne muss sie gar nicht werden; auf bedrohliche, düstere und geheimnisvolle Weise verstrickt in ihre Kunst ist Arachne allemal. Die zweite und die dritte, die letzte Strophe des Gedichts – in gewisser Weise sein Kulminationspunkt – lauten folgendermaßen:

Wie der Faden sickert und sinkt,
Wie das Kügelchen haspelnd umflicht,
Bis die taublaue Fliege ertrinkt,
Nicht mit wehendem Fuße mehr ficht,
Bis die taublaue Fliege erschlafft,
Die ich selbst, Verfallene bin;
Mich wiegt eine seidene Haft,
Und die Stunde kriecht über mich hin.

Ich seh eine zwergige Hand,
Und ich seh einen winzigen Schuh;
In Körnern nistet der Sand,
Stäubt krustend mir das Auge zu.
Ich falte mich müde genug,
Vom Spinnseil zittrig gedreht;
Der kleine gläserne Flug,
Der einst in Sonne verweht.

Es scheint keinen Anfang, kein Ende und keine Möglichkeit zur Veränderung zu geben in diesem Zustand. Der Akt der Verwandlung beinhaltet zwar immer die bedrohliche Möglichkeit des Verlustes, ist aber gleichzeitig auch ausschlaggebend für neues Wachstum – wenn sich die Verwandlung aber, wie es Sexton im Märchen und Kolmar auf der Metaebene des Mythos beschreibt, nicht ereignet oder wenn sie repetitiv und traumatisch bleibt, dann ist das wahrhaft tragisch.

Die Utopie der Spinne: Elfriede Jelinek

Und doch; es muss nicht so sein. Ausgerechnet das mit Argwohn bespielte und betrachtete Internet ist es, das die große Autorin und Nobelpreisträgerin Elfriede Jelinek sich zunutze macht, wie es vor einem halben Jahrhundert eben noch nicht möglich war. Damit wird die Dichterin, die sich seit jeher ihres realen Körpers und seiner Verletzlichkeit in hohem Maße bewusst war, zur virtuellen Arachne; es gelingt ihr, einen »utopischen Text« zu präsentieren, wie man ihn so nie gesehen hat.

Dieses Projekt stellt die originellste Lösung einer »Verwandlung« dar, auf die ich in letzter Zeit gestoßen bin. Der Arachne-Mythos hat hier seine vorerst verblüffendste, findigste, originellste Ausprägung gefunden; die Nobelpreisträgerin hat, so scheint es mir, nicht weniger als die Utopie der Spinne erfüllt.

Neid heißt der Roman, der zur Zeit seines Entstehens als »work in progress« veröffentlicht wurde und nur im Netz zu finden ist. Elfriede Jelinek lässt sich beim Weben zusehen, aber verlässt das Netz nicht.

Dem Leser, der auf ihrer Homepage www.elfriedejelinek.com die Rubrik »Aktuelles« anklickt, erscheinen der Titel des Buches und die Genrebezeichnung »Privatroman«. Darüber schwebt als Illustration Hieronymus Boschs Tischbild von den *Sieben Todsünden*, in dem die Todsünden kreisförmig um das Auge Gottes herum angeordnet zu sehen sind – noch einmal gerahmt von Rundbildern der *Vier letzten Dinge*, Tod, Gericht, Hölle und Himmel. »Cave cave Dominus videt«, steht da, »Hüte dich, hüte dich Gott sieht«. Er sieht auch den »Neid« der Hunde: Einer, der schon zwei Knochen hat, äugt da auf dem Bild gierig auf einen dritten, während ihm ein zweiter Hund voller Missgunst zuschaut.

Der Text über die Geigenlehrerin Brigitte K. aus der Steiermark, deren Mann mit seiner Sekretärin durchgebrannt ist, nimmt Konstellationen und Motive auf, die Jelinek-Lesern bekannt sind: Da finden sich wieder der Berg und der See, die alternde Frau und der ausbleibende Fremdenverkehr, die ruinierte Natur und sterbende Städte, *shrinking cities*, wie die Autorin das nennt. Es geht um die Verengung von Lebensraum, den Stillstand, der den aktionismussüchtigen Menschen entgegengehalten werden soll, um Tote, Dreck und Musik. Dazwischen finden sich Anspielungen auf andere Bücher, wobei insbesondere jene auf Thomas Bernhards Roman *Auslöschung* im Zusammenhang mit diesem Projekt wichtig erscheint. Gleichzeitig lässt Elfriede Jelinek in diesen Kapiteln immer wieder ihr Autoren-Ich durchscheinen, durchbricht die Geschichte mit freien Assoziationen und gibt dem Privaten wesentlich mehr Raum, als sie dies in Büchern zulassen würde, und macht insofern den Untertitel »Privatroman« im Wortsinn plausibel.

Es gibt zahlreiche Regeln, die Elfriede Jelinek – spielerisch, ernsthaft – für diesen Text aufgestellt hat, dazu gehört, dass ohne ausdrückliche Erlaubnis nicht aus dem entstehenden Buch zitiert werden darf. Unsicher sei auch, betont sie, ob der Leser überhaupt ein abgeschlossenes Werk zu sehen bekomme: »Außerdem behalte ich mir vor, falls ich scheitere oder zu scheitern glaube, den Roman als Torso einfach so stehen zu lassen, ihn nachträglich umzuschreiben oder einfach aus dem Netz zu nehmen, falls ich das möchte beziehungsweise falls ich es nicht aushalte, dass er einfach so da steht und blöd aus dem Bildschirm herausglotzt«, sagte sie im April bei einem Interview mit der *Frankfurter Allgemeinen Zeitung* (das, wie man annehmen darf, per E-Mail geführt wurde). Ebenso betonte sie darin, dass, selbst wenn der Text einen Abschluss fände, kein herkömmliches Buch bei einem Verlag daraus werden würde.

Viele Verneinungen also, und dennoch ein Text: Für die Autorin ist dies, wie sie sagt, »eine Befreiung«, weil sie Öffentlichkeit in keiner Form ertragen könne, eine Tatsache, die ihr Publikum nicht mehr überrascht, seit sie 2004 nicht einmal zur Entgegennahme des Nobelpreises nach Stockholm reiste, sondern sich per Videoaufnahme bedankte und damit viel Kritik auf sich zog.

Ihr Buchprojekt im Internet – für das sie übrigens, im Gegensatz zu anderen Netzautoren wie etwa Stephen King, kein Geld vom Leser nahm, erntete erstaunten Respekt: Sie wirkte glaubwürdig, weil sie auf ihrem Weg dermaßen konsequent weiterging – beziehungsweise eben: nicht weiterging, sondern an ihrem Verschwinden als realer Körper arbeitete, was für sie ein Zwang, eine Notwendigkeit darstellte, wie sie erklärte. Zum Titel sagte sie dann auch, er solle den Neid derer bezeichnen, die nicht leben können (wie sie), auf die Lebenden. »Ich bin nicht tot, aber ich empfinde mich als eine lebende Tote, weil ich – aufgrund meiner psychischen Erkrankung, über die ich nicht weiter sprechen möchte – eben nicht leben kann, nicht reisen kann, die Menschen nicht ertrage. Ich kann es auch nicht aushalten, angeschaut zu werden. Diese Art von lebendigem Totsein hat mich dazu gebracht zu veröffentlichen und eben gleichzeitig: nicht zu veröffentlichen.« Wenn sie kein »richtiges« Buch daraus mache, könne sie sich vorstellen, es gäbe das Buch gar nicht.

Von einem »katholischen Element« sprach sie sogar; dass sie etwas schreiben könne und gleichzeitig davon losgesprochen würde.

Wie der ehrgeizigen Arachne, die von allen bewundert werden will, ist ihr umgekehrt die Macht des Betrachters, die Ungeduld und Kritikfähigkeit des Lesers, permanent präsent. Sie freute sich lauthals, fast unverschämt glücklich über den Coup, ein Mittel gefunden zu haben, das dieses Dilemma zum Teil aus der Welt schaffte: Man müsse »nur einen Fingerdruck abgeben, das eine x, das Kreuzerl dort oben rechts erwischen, und schon bin ich weg, verschwunden und mit mir mein Textkörper, durch den ich leben muss und er durch mich«. Als befreiend beschrieb sie das Wissen, dass der Leser sie »einfach wegklicken kann«. »Ein Buch hätten Sie zahlen müssen und eigens in den Papiermüll schmeißen, hier können Sie mich total rückstandslos entfernen, aaah! Ich fühle mich wie neugeboren, weil Sie mich ausgelöscht haben.«

Als große »Demut« wurde diese doch eigentlich gar nicht bescheidene, sondern radikale, verabsolutierende Geste gewertet, Demut gegenüber dem Schreiben, dem Publikum, der Welt – und damit hat Elfriede Jelinek zumindest in dieser Hinsicht ihr Ziel erreicht: Nicht indem sie ihre Ansprüche zurückgeschraubt und Kompromisse gemacht hätte, erwies sie ihrem Lebens- und Schreibprojekt alle Ehre, sondern indem sie einen radikalen Verwandlungsakt vollzog. Sie weigerte sich, gewisse Begrenztheiten des realen Körpers einzugestehen, sich als Person auszustellen. Sie entzog ihren Körper ganz, lebte seither in dem Traumkörper des Textes, was angesichts dessen, wie der heutige Literaturbetrieb funktioniert, ein Unikum darstellen dürfte. Nur Thomas Pynchon verschwand auf ähnliche Weise. Daraus ergeben sich Fragen, wie etwa: Ist es schon als Verweigerung des realen Körpers zu werten, als Schutz des »privaten«, wenn Schriftsteller sich, beispielsweise, nicht politisch äußern wollen, wie Handke, Walser, Grass, die ja tatsächlich scharf kritisiert wurden und deren ästhetische Arbeit in der Öffentlichkeit in den vergangenen Jahren überlagert wurde von Vorwürfen bis hin zum Lächerlichmachen dieser, ich zitiere: »zornigen alten Männer«? Muss man sich stilisieren wie Tom Wolfe in seinen weißen Anzügen, um die Regeln nicht zu verletzen, die die Gesellschaft mit ihrem Bild vom Schriftsteller als gleichzeitiger Antibürger, armer Poet, moralisches Gewissen und Projektionsfläche als Inbegriff der Boheme aufgestellt hat? Oder ist schon der Versuch sinnlos, gibt es tatsächlich, wie Graham Greene das Dilemma zusammenfasste, einfach »keine erfolgreichen Künstler«?

Möglich, das dies der Fall ist.

Fest steht, dass Elfriede Jelinek durch die Spannung, die sie um sich als Person und um den Text aufgebaut hat, dass die Entscheidung, auch den Körper des Textes im World Wide Web zum Verschwinden zu bringen, ein theatralischer Akt ist. Ein Akt des Verschwindens, der für Autoren beinahe einem Selbstmord gleichkäme – denn dies steckt dahinter, wie sie das mögliche Auslöschen des Textes inszeniert hat, dies ist vermutlich auch die Lesart, wie dieser Akt rezipiert werden würde. Fest steht ebenfalls, dass Elfriede Jelinek anscheinend alles, was sie tut, nicht freiwillig, sondern durch innere Zwänge diktiert vollbringt.

Ein Sieg der Kunst über das Leben also? Eine andere Form vom Tod des Körpers? Der Traum im anderen Körper – ein Albtraum?

Man könnte auch sagen, dass dieser symbolische Selbstmord eben doch nicht das Opfer des eigenen Körpers wäre, dass Jelinek, theoretisch, friedlich in ihrer Wiener Vorortsiedlung weiterleben könnte. Unmöglich, dies zu erfahren.

Elfriede Jelinek fand für sich eine Form der Rettung, machte die Sprache des Schriftstellers wieder zum Macht- und Manipulationsinstrument, sie hatte der Welt ihren Willen aufgezwungen, indem sie ihre Bereitschaft erklärte, aus ihr zu verschwinden. Und niemals täuschte sie über das Wesentliche hinweg, um das es beim Schreiben, Leben und Lesen geht: um ein Verhältnis der Konflikte, des Streits, letztlich um den Tod aller Beteiligten und das Weiterleben der Mythen.

Die Stunde zwischen Hund und Wolf

Plath, Sexton, Kolmar, Jelinek: Ich habe diese Texte nach dem Preis befragt, den man für die Kunst zahlen muss, nach Schaffenskrisen, nach der selten erreichten Zufriedenheit und ihrer Bedrohung, das Problem eines einigermaßen konstanten Selbst in einer unmöglichen Welt.

In meinem ersten Roman *Die Stunde zwischen Hund und Wolf* (2007) versuchte ich dann, dieser Problematik thematisch Gestalt zu geben. Im Zentrum des Buches steht Ines, die Malerin »klassischer« Leinwandbilder, talentiert, früh berühmt geworden, der auf einmal nichts mehr recht gelingen will.

Sie kann nichts mehr schaffen und wendet sich daher hilfesuchend an ihre namenlos bleibende Schwester. Diese, die Erzählerin des Buches, erfährt durch Ines' Freund Kai von deren regelmäßiger »Verwandlung« im Exzess, die praktisch immer eintritt, wenn sie zu trinken beginnt und nicht mehr aufhören kann:

Und dann kommt der Moment, da wird sie eine andere, da rastet ihr Gehirn aus, und es dominiert ein einziges, hässliches Gefühl, ich kann nie vorhersagen, was es ist, Wut, Aggressivität oder Selbstmitleid, denn es hat nichts mit allem, was vorher passierte, zu tun, es ist die totale Willkür, etwas Fremdes beginnt, an ihr herumzuzerren, ich nenne das die Stunde zwischen Hund und Wolf.

Direkter Auslöser, endlich den ersten Satz des Romans hinzuschreiben, war bei diesem Buch ein anderes Lesen gewesen, nämlich das von Bildern: ein aufregender Ausstellungsbesuch und die daraufhin folgende Beschäftigung mit dem Werk des Malers Francis Bacon. Diese Begegnung ist in nur leicht abgewandelter Form in das Buch eingegangen.

Dort steht die namenlose Ich-Erzählerin eingeengt inmitten einer Besuchergruppe und sieht sich im Museumssaal um:

… ich ekelte mich ein wenig, aber ich blieb bei ihnen, ich war eine von ihnen, ich wippte leicht mit dem Oberkörper auf und ab, gab mich völlig dem Anblick der dargestellten Leiber hin, Einzelkörper, Existenzkörper, Angstkörper, in ihre Teile zerrissen, sah die Augen und Münder, jetzt nicht mehr die echten, nur die gemalten, ich sah gemalte Menschen, deren Augen nur noch aus Höhlen, deren Augen, eigentlich, gar nicht existent waren, ich schloss die Lider und sah all die oberen und unteren Extremitäten des Körpers vor mir, Leibesöffnungen, die nur dazu da waren, den Menschen zu den körperlichen Impulsen zu verleiten, die er nun einmal hatte, die ihn, wenn sie übermächtig wurden, dazu zwangen, zur tierischen Manier zurückzukehren.

Und weiter:

> Ich sah sie auch dann vor mir, während ich die Augen fest zupresste und mich ganz dem Alptraum hingab, dem Alptraum eines Lebens, in dem die tierischen Eigenschaften des Menschen plötzlich, in bestimmten, extremen Augenblicken, zu dominieren beginnen, wenn sie ihn ganz in der Hand haben und er aus reinem Instinkt zu handeln anfängt, einem Instinkt ohne moralische Werte, einem Trieb, der grenzenlos Schönes, der Gutes und Böses schaffen kann, der dem Menschen die Grenzen zu nehmen scheint und gleichzeitig die Grenze selbst darstellt.

Francis Bacons malerisches Interesse gilt der Darstellung von Menschen- und Tierkörpern und ihren Zwischenformen: Immerzu sind seine Gestalten in Verwandlung begriffen, sind immer verwischt, niemals fertig geformt als Mensch oder Tier.

»Das Tier in Bacons Werk so scheint es, lässt sich nicht nach einer einzelnen Interpretationsvorgabe ausrichten. Es taucht in zu unterschiedlichen Kontexten und einer nicht reduzierbaren Formenvielfalt auf. Das Tier verweist im Œuvre auf so Widersprüchliches wie triebhafte Kraft und hilfloses Opfer, es ist Sinnbild wilder, egoistischer Wahrhaftigkeit und doch Metapher für Ausgeliefertheit und Verletzlichkeit, es erscheint in heraldischer Überlegenheit und als lästiges Geschmeiß, es verkörpert Unschuld oder Gier, ist Räuber wie Beute«, schreibt Friedrich Weltzien in seinem Aufsatz »Bacon's Beasts« (2004).

Meine schreibende Obsession folgt einer ähnlichen Spur. In Gedichten sind es surrealistische Verwandlungen, in der Prosa, in der ich realistisch arbeite, psychische. In den Erzählungen *Reiche Mädchen* (2005) stellen die sexuelle Ekstase oder das völlige Aufgehen in der Liebe, im Anderen, für die Frauen Momente der Verwandlung dar. In *Die Stunde zwischen Hund und Wolf* ist es die Suchterkrankung, die die Schwester in ihrem Selbst auflöst. Immer gehen die Gewinne, die gemacht werden, mit einem hohen Preis einher. Die berühmte Margot Winkraft in meinem zweiten Roman, *Shanghai Performance* (2011), die perfektionistische, erfolgreiche Performancekünstlerin, bezahlt nur scheinbar mit Währung außerhalb ihres eigenen Körpers: Es ist immerhin ihr eigenes Fleisch und Blut, ihre Tochter, die sie aufgab und die sich dann – konsequenterweise, als würde sie intuitiv das Programm kennen – selbst opfert.

Wie verträgt sich die Frage nach dem Opferbringen mit dem Wunsch nach der quasigöttlichen Allmacht des Künstlers? Wer sich für solche Fragen nicht interessiert, wer sie für falsch gestellt, als zu sehr einem veralteten romantischen Künstlerbild anhängend empfindet, wird diesen Aspekt meiner Arbeit vermutlich nicht besonders interessant finden. Aber mich beschäftigen sie, aufgrund der Prägung durch meine Vorbilder, meine Lektüre. Was alle meine Figuren antreibt, ist die Angst vor dem Mittelmaß, ein Mittelmaß, das auch die Künstlerin Ines scheut, vor dem sie sich, wie Sylvia Plath, auf irrationale Weise fürchtet. Ines bemüht sich, zu ihrer Essenz vorzustoßen; sie meint, ein Mittel gefunden zu haben, wie das Generationen von Künstlern vor ihr ebenso geglaubt haben. Leider, und darin liegt die Tragik der Malerin Ines, beraubt sie sich durch den Alkohol im Gegenteil ihrer Schaffenskraft, der Kraft, selbst als Verwandlerin tätig zu sein: Auf einmal ist sie die Passive, sie »wird verwandelt«. Jemand, der sich auflöst, kann den Pinsel, den Bunt- oder den Bleistift nicht halten. Im Roman wird die Krankheit zwar »Alkoholismus« genannt, aber gemeint ist ein existenzielles Problem: der Grenzfall des Sichselbst-Erkennens im Leiden – und die Falle, die in einem Glauben daran steckt.

Heute, mehr als zwanzig Jahre nach Bacons Tod – er wurde, für ihn selbst ebenso überraschend wie für alle anderen, immerhin 82 Jahre alt –, ist bekannt, dass er fähig war, seine Selbstzerstörung durch Alkohol-, Glücksspiel- und Sexexzesse als Triebkraft für die Kunst zu nutzen, wieder und wieder, so anstrengend dies für den Körper auch gewesen sein muss. Seine enorme Arbeitsdisziplin half ihm dabei. Er schien im Leid der körperlichen Entgrenzung ganz bei sich gewesen zu sein, so nahe wie sonst nie und nirgends, und gleichzeitig musste er diesem Schmerz Ausdruck verleihen durch seine Kunst. Eine Art persönliche Religion, die ohne Transzendenz auskam, da das Leben sich außerhalb von ihr nicht sinnvoll begründen lässt.

Ines im Roman, so stellte ich mir vor, wäre die typische Bacon-Anhängerin, fasziniert von der kontrolliert-unkontrollierten Art und Weise seines Schaffens (nebenbei: die Ich-Erzählerin in der Ausstellung ist die Schwester, Ines' eigene Bacon-Rezeption im Roman bleibt eine motivisch angelegte Spur). Doch Ines gelingt diese schier unmögliche Balance nicht. Sie »kann nicht mehr malen«, ihr Arbeitsprozess ist gestört, was kein Wunder ist, da ihre Identität gerade verwischt und ihr das Spiel zwischen Zusammensetzen und Aufgeben, der kreative Moment inmitten der Verwandlung, nicht mehr gehorcht. Ein gefährliches Spiel, und sie ist gerade dabei, es zu verlieren, in dem Moment, als sie ihre Schwester um Hilfe bittet. Früher malte sie, so erfährt man im Roman, glatte Oberflächen, poliertes Dasein, so wie ich auch den Stil des Buches mit Absicht glatt hielt, kühl – Ines' Malerei, stellte ich mir vor, sollte an den Wegbereiter der Pop-Art, den an Werbefotografie orientierten amerikanischen Künstler Alex Katz erinnern. Sie wäre das Gegenstück zu Bacon oder, weniger hoch gegriffen: ein kleiner Kontrapunkt in die andere Richtung.

Parallel zur Arbeit an *Die Stunde zwischen Hund und Wolf* – ein Roman, für den ich über fünf Jahre brauchte – arbeitete ich an einem Gedichtband, der später unter dem Titel *Über Nacht ist es Winter* im gleichen Jahr wie der Roman erschien. Der Arbeitstitel lautete ursprünglich *Buch der Verwandlung*; ich war hier bemüht, dem Thema auch eine heitere Seite abzugewinnen. Ich habe ja erwähnt, dass mich Nicolas Borns Idee von »utopischen Gedichten« immer fasziniert hat, Gedichte, die, Gesellschaftskritik durch Gegenentwürfe, beunruhigend schöne Vorstellungen, ersetzen. Wie ließe sich das im Text lösen? Würde es mir gelingen, den reichen Schatz an mythischem Personal spielerisch aufzustellen?

Mein dritter Lyrikband *Über Nacht ist es Winter* widmet sich also unter diesen Vorzeichen der Verwandlung. Dort finden sich Hexen, Nixen, Vampire, verwandelte Bäume, eine Karnevalsgesellschaft, ja sogar Engel.

Zuletzt möchte ich noch auf ein Gedicht aus dieser Sammlung hinweisen, nämlich auf »Der Wolf oder Die Wege des Bösen kreuzten sich heute im Stadtpark«, in dem ich versucht habe, die Verhältnisse quasi karnevalesk umzukehren: Nicht ein Mensch verwandelt sich in einen Wolf, einen Werwolf und zurück, sondern es gelingt umgekehrt dem Wolf, das Menschsein auszuprobieren und sich auch wieder rückzuverwandeln. Die Probeleben des Wolfs sind sehr unterschiedlich; er testet alle möglichen Sorten des Menschseins aus. Verwandeln und Rückverwandeln je nach Bedarf, das hat etwas Komisches, etwas Effizientes, also Zeitgemäßes, und auch etwas Tragisches. Es ist auch ein wenig wie das Lesen: ein kurzer Traum von einem anderen Körper.

I
Der Wolf hat es wieder geschafft
Er verwandelte sich
In eine Person
Es geschah
Zwischen zwei pelzigen Schritten
Im Grün
Zwischen
Zwei kleinen Knurrlauten
Direkt vor dem Kaninchen links im Bild
Er verwandelte sich elegant
Den Rücken durchgestreckt
Wurde er leicht wie ein Junge
Tanzte sich so durch den Schmerz
Auf die neue Form zu
Natürlich änderte sich seine Fußspur Siehst du
Wie er spazieren geht und den Tauben das Brot hinstreut?

Gestern war Vollmond –

Und im dritten Teil heißt es dann:

Sieh ihn dir an
mit den schwarzen Wimpern der
Mannequins blinzelt er
In den harten Gliedern der Sterbenden
stirbt er
wissend
bald wird der Wald ihn wieder haben
und er wird noch mehr Wolf sein
Dann kann er das Rudel belehren
Wie es ist Mensch zu sein
Den Tod zu sehen im Sonnenuntergang

Den Fettrand am Fleisch abzuschneiden

Während die Nacht mit mageren Händen
dein Herz massiert Sie atmen sagt er
Regelmäßig und in geschlossenen Zimmern Die Personen
sagt Wolf sind nachts sehr sicher

Die Verwandlung als Jungbrunnen, als Altersaufhebung, als Spiel. Eine heitere Chance und eine Möglichkeit, dem Tod von der Schippe zu springen, zumindest zeitweise, in einer kleinen Komödie.

(2007)

Todunglücklich und jubelnd zugleich
Wie man in der Sprache sehen kann

I

Zuletzt war es mir im Sommer des vergangenen Jahres so ergangen, bei einem Waldspaziergang in der Fränkischen Schweiz. Es war keine geplante Wanderung gewesen, ich machte nur eine kurze Pause während einer längeren Autofahrt. Ich war müde, zerschlagen; es war heiß. Ich parkte den Wagen am Rand eines Waldwegs und lief los. Die Autogeräusche waren sofort verschluckt, auch der Kiesweg endete bald, und nur ein leicht ansteigender Weg führte weiter. Ich ging in der angenehmen Kühle im Schatten der hohen Bäume. Da war nichts als Wald um mich. Als gäbe es weder Autos noch Menschen, leuchteten alle Schattierungen von Grün hell im Mittagslicht. Die massiven Tannen und Fichten mit ihren dicken Stämmen hatten etwas Luftiges, Leichtes an sich; es waren Sommerbäume, nicht schneebedeckt oder albern geschmückt wie im Winter, sondern leicht und graziös wie Tänzer; ihre Zweige streckten sich der Sonne entgegen. Es gab eine Strenge in den dichten, vertikalen Stämmen der Nadelbäume, in der man sich sofort klein fühlte und der man sich unterordnen musste – und das obwohl überall Spuren von Menschen sichtbar waren, Spuren ihrer Anwesenheit: glatt durchgesägte Baumstümpfe, gefällte Stämme am Wegesrand. Die Stille war nicht dumpf, sondern weit. Etwas später hörte ich einen kleinen Wasserlauf, und ein Stück davon entfernt legte ich mich ins Gras, auf den Rücken, blickte die Baumspitzen hinauf Richtung Himmel. Es gab jede Menge Licht. So viel Licht flimmerte durch die grüne Blättervielfalt, dass man keinerlei Blau sah. Ich drehte mich zur Seite: Neben mir am Boden wucherten Farne, wuchs Moos, ein unendliches Gewirr von Grün. Wie viele Worte gibt es für grün? Derselbe Farbton sah im glatten, glänzenden Blattwerk völlig anders aus als in einer pelzig bewachsenen Struktur. Was hatte ich hier zu suchen? Eigentlich nichts. Und doch; es war perfekt. Ich war so erschöpft; ich dachte an nichts, betrachtete nur alles von dieser seltsamen Perspektive vom Boden aus, als wäre ich verunglückt oder etwas verwirrt, und der Glückszustand, der sich in mir ausbreitete, kam so unvermittelt, dass er sich anfühlte wie ein einziger brennender Schmerz. Ich dachte nicht willentlich daran, aber mir fiel in diesem Moment, mit aller Wucht, ein, dass meine Mutter nicht an Krebs gestorben war. Mein Mann war zu Hause und freute sich auf mich. Der Tod war überall, auch hier, doch mich und meine Liebsten hatte er nicht erreicht, noch nicht. Meine Freude über all das war so groß, dass sie sich verwandelte, in Trauer überfloss.

Es dauerte einen Moment, bis ich das begriff; ich war traurig darüber, und gleichzeitig hätte ich den Rausch, das Glücksgefühl zuvor, nicht missen wollen. Aber was war eigentlich passiert? Was war der Auslöser gewesen? Die Natur hier? Wald gab es überall, Wolken gab es genug. Farben gab es genug. Wald, Wolken und Farben gab es zuhauf auf der Welt, in allen möglichen Kombinationen, und meistens bemerkte man sie nicht einmal. Hier war so gar nichts Besonderes – eigentlich. Und gleichzeitig war da etwas Großes, demgegenüber ich mir völlig unzulänglich vorkam, in meiner Sprache gefangen, diesem abstrakten System, in dem nicht einmal diese einfache Umgebung zu fassen war. War es gerade deshalb so außerordentlich, spürte ich die Ordnung um mich herum, eben wegen dieser Grenze der Sprache?

2

Die Waldbilder des zeitgenössischen Fotografen Thomas Struth hatten, als ich sie vor drei Jahren bei einer Ausstellung in Düsseldorf sah, ein ähnliches Gefühl in mir ausgelöst. Seine Waldfotoserien heißen »Paradises«, Paradiese; es sind wandgroße Abzüge von Wäldern in Brasilien, China und Deutschland. In Deutschland war es der Bayerische Wald, den er fotografierte – dieser Wald, in dem ich hier gestrandet war. Struths Fotografien hatten eine enorme Tiefenschärfe, deswegen – und durch die großen Formate – wirkten sie wie optische Täuschungen. Da waren alle Farben von Grün zu sehen gewesen, auch die namenlosen, keine Frage. Menschen gab es nicht auf seinen Bildern, weder zwischen den brasilianischen Schlingpflanzen noch in den so viel feiner strukturierten, kleinblättrigen Wäldern Chinas, und auch nicht im bayerischen Nadelwald. Seine »Paradises« funktionierten als Paradiese des Sehens, aus ihnen sprachen genauso die Ergriffenheit vor der Natur, wie sie die kühle technische Möglichkeit aufzeigten, das Vorgefundene zu protokollieren; diese Bilder ließen mich staunen und andächtig werden; sie sprachen von der Leidens- und Empathiefähigkeit der Menschen im Allgemeinen. Erhaben und verloren gleichzeitig, so stand man da. Caspar David Friedrich hatte die Natur-Mensch-Begegnung in seinen Gemälden ähnlich formuliert, aber *innerhalb* des Bildes; bei Struth steht der Schauende davor. Der lebendige Mensch vor einem Waldbild von Struth: das wäre das Caspar-David-Friedrich-Tableau des 21. Jahrhunderts.

Thomas Struths Arbeiten sind wie alle Werke der bildenden Kunst, die mich am meisten beeindrucken, der – relativen – Objektivität der klassischen Moderne verpflichtet, ihrer existenziellen Strenge im Umgang mit sich und der Welt, die alles Subjektive erst einmal herausfiltert, bevor sie es sich zugesteht. Zuerst muss man einmal hinschauen können, wenn man verstehen will.

Und dies ist auch der Ausgangspunkt für mich, wenn ich etwas in Sprache zu fassen versuchte: das Sehen. Aber wie soll das funktionieren, in einem komplett anderen Zeichensystem? Es ist zumindest schwierig. Ich müsste die Augen schließen und mich darauf einlassen. Will ich das wirklich? Ich bin mir, hier im Bayerischen Wald, immer noch auf dem Boden hockend, mich langsam aufrappelnd, nicht mehr sicher. Ich bin mir nicht mehr sicher, ob Texte das können: was ich hier gesehen, erlebt habe, aufzeichnen. Die Fülle *und* die Leere. Ich schätze »klassische«, und damit meine ich zumindest teilweise abbildende Kunstwerke eher als komplett abstrakte, und für mich darf auch das Gedicht nicht ganz den Rückbezug zur sichtbaren Realität verlieren, reines Sprachspiel und sich selbst genug sein, sondern es muss eine gewisse Objektivität haben. Dazu gehört, den Abstand zwischen der Wirklichkeit und ihrer Abbildung mitzubedenken. Es muss einen Raum herstellen, in dem etwas geschieht, in dem das Ich sich bewegen, in dem es *sehen* kann. Dann sind Gedichte betretbare Bilder. So lese ich Lyrik, das ist mein Kriterium: Zeigt mir dieses oder jenes Gedicht, wie ich *in der Sprache sehen* kann?

3

Während ich mir ein paar Gräser von der Jeans abklopfe und mich dann in die Richtung bewege, in der ich meinen Wagen vermute, krame ich in meinem Gedächtnis nach solchen Texten. Gedichte, die es können: dem Leser, der Leserin einen Weg anbieten, *in der Sprache zu sehen*, so ganz nebenbei, so ganz selbstverständlich, schön und grausam zugleich. Das schaffen nur wenige Gedichte. Aber es gibt sie! Zuerst fällt mir Helga Novaks Gedicht »dieser Wald« ein – das heißt, in der Mittagshitze und durch mein schlechtes Gedächtnis überhaupt fällt mir an diesem Tag nur der Anfang ein – ein kaum eine Seite langes Gedicht, in dem eine Begegnung zwischen Mensch und Natur beschrieben wird, in welcher der Mensch Zuflucht im Wald sucht. Und, sensationellerweise, auch findet. Es beginnt folgendermaßen:

dieser Wald Traum meiner Kinderjahre unentwegtes
                                  Gehen
Erfüllung und Erinnerung Wald so zerschossen und
gerupft dieser Wald und kein anderer meine
wiederkehrende Deckung zärtlich der Schutz erlösendes
Untertauchen laufend einhaltend schlafend und
                                  zerstochen
auffahre ich und weiter und rein immer tiefer
Dieser Wald so laut und verschwiegen so wärmend
                                  und kühl […]

Das Gedicht wird dann allgemeiner, historisch und politisch, es geht darauf ein, dass der Wald schon vor Langem vom Menschen benutzt wurde, Birkenrinde als Schuhwerk im Krieg kommt vor. Während bei Thomas Struths Fotoserie

»Paradises« die Zerstörung der Wälder durch den Menschen allein durch die Schönheit des Dargestellten schärfer kritisiert wird, als jedes dokumentarische Foto das könnte, ist auch Novaks Gedicht zuerst ein Loblied, die Möglichkeit des Verlusts ist ihm eingeschrieben.

Helga Novak lebte in ihren letzten Lebensjahren buchstäblich an der Grenze, im deutsch-polnischen Wald, kompromisslos, eine Ekstatikern der Einsamkeit. Ihre Gedichte feiern dies.

Ich bin in einem Haus am Waldrand aufgewachsen, in Weingarten, einem badischen Dorf. Der Wald meiner Kindheit und Jugend war lange Zeit weniger schön, weil er selbstverständlich war, Kulisse. Der ständige Streit mit meinem Körper, dem ich vorwarf, dass er nicht groß genug, nicht langbeinig, exotisch genug ist, fand im Kopf statt, auf einsamen Waldspaziergängen. Dann veränderte sich der innere Streit mit den Jahren. Ich bin milder geworden, dankbarer. Ich werfe meinem Körper heute nur noch eines vor, aber dies mit aller Macht: dass er nicht unsterblich ist. Oder vielleicht so alt werden könnte wie ein Mammutbaum. Mindestens das müsste doch möglich sein! Wenn ich nur genügend Geld hätte, ohne Zweifel würde ich mich, klinisch tot, einmal einfrieren lassen, um ein paar Jahrhunderte später wieder zu erwachen, würde mich der Industrie der Unsterblichkeit ausliefern – oder nicht?

4

Lyrik, die gelingt, spricht von dem Gefühl, befriedet zu werden. Sie erreicht eine Darstellung von Zwischenzuständen, einem somnambulen Bewusstsein, halb berauscht und gleichzeitig scharf konturiert, todunglücklich und jubelnd zugleich. Karl Jaspers hat diesen Zustand »Grenzsituation« genannt: eine Situation, in welcher der Mensch endgültig, unausweichlich und unüberschaubar an die Grenze seines Seins stößt. Wenn er Angst hat, leidet oder sich ausgeliefert fühlt, also an den zu jeder Zeit möglichen Tod denkt, dann erkennt er dabei paradoxerweise eben auch den Wert seines Lebens – und seine Verantwortlichkeit. Es seien »Situationen, in denen Existenz sich unmittelbar verwirklicht, letzte Situationen, die nicht verändert oder umgangen werden können«, sagt Jaspers, und ich meine: Nach dem Staunen und dem Zweifel sind diese Grenzsituationen der tiefere Ursprung sowohl der Philosophie als auch der Lyrik. (Der schwindsüchtige Ludwig Hölty, der so früh starb, hat sie mit Sicherheit auch gekannt; seiner »kindlichen Art«, wie sie ihm Freunde attestierten, war das Staunen nicht fremd.) Lyriker sind vielleicht süchtig danach, diese Grenzmomente heraufzubeschwören. Ein Gedicht kann das: auf einer Seite die Jahrtausende überspringen, ebenso utopisch wie archaisch sein. Die Paradiese des Sehens und die Hölle der Zeit: auf einer einzigen Seite können sie zusammenfallen.

Es ist schwer, herausragende Gedichte zu schreiben – man kann sich unmöglich immer in Grenzsituationen aufhalten, man würde ja wahnsinnig. Viele Autoren sind fantastisch, doch nur einige ihrer Texte genial. Einige: Das reicht aus. Zumal diese Wertung, meine Wertung, willkürlich ist, denn was weiß ich schon. Meines Erachtens staunen wir in der Kunst, im Gedicht, immer auch darüber, was wir sehen und empfinden können. Hören natürlich auch – laut Stendhal ist Musik die höchste Kunstform von allen, und tatsächlich ist Musik die einzige, die etwas *in sich* ist, absolut unvergleichlich. Und doch ist sie, leider, ein System, das mir fern ist. Ich will der physischen Wirklichkeit nahe sein, daher kommt für mich als Erstes immer das Sehen, sowohl wenn ich schreibe als auch dann, wenn ich lese, einmal versuche ich, Gesehenes in Buchstaben zu verwandeln, das andere Mal lasse ich mich darauf ein, dass mir die Buchstaben eine Welt schenken. Das Gedicht von Novak tut dies für mich: Es ist zeitlos, gibt in wenigen Worten über die Lage des Menschen Auskunft, und dies sogar, ohne dass es Jahreszeiten anzeigen müsste oder einen Wetterbericht geben, man ist da, Haus, Baum, Wald – fertig; es formt sich in diesen Gedichten ein Bild, in dem Innerlichkeit nach Sichtbarkeit sucht. Und hier, in der relativen Kürze der Lyrik, liegt ihre Chance, durch die Zeiten hindurch gelesen zu werden; ihre Themen: Liebe und Tod, Tod und Liebe, Liebe bis in den Tod etc., sind *immer* aktuell. Immer aktuell ist die Unendlichkeit des Seins insgesamt und demgegenüber die eigene, kleine Präsenz im Augenblick, das lyrische Ich zu sehen. Und auszuhalten, dass es bald wegsterben wird.

Personen, Lebensräume, Dinge verlieren wir selbst in unserer kurzen Lebensspanne immerzu und sind darüber sowohl traurig als auch froh, denn aus der Trauer folgt das Gefühl des Wir-sind-noch-da. (Oder, mit Ibsen gesprochen: Nur das Verlorene gehört uns ganz.) Ohnedies ist es nicht möglich, über jeden umgetretenen Grashalm zu weinen, für alles und jeden Empathie zu empfinden, natürlich nicht, das ist unökonomisch. Wir können abwägen. Und wir sind imstande, über Verlust so schön zu schreiben wie Elizabeth Bishop in der höchst persönlichen und deshalb universellen Villanelle »One Art« oder wie Sylvia Plath, die in »Lady Lazarus« sogar das eigene Sterben als Kunst beschreibt. Weiter geht es nicht. Das *ist* die Grenze.

5

Später, im Winter des vergangenen Jahres, besuchten mein Mann und ich die sogenannte Teufelshöhle in der Fränkischen Schweiz, gar nicht weit entfernt von der Gegend, in der ich im Sommer meinen Spaziergang gemacht hatte.

Wir durften unseren Hund nicht mit zur Führung nehmen, und eigentlich war ich die ganze Tour über deswegen verärgert. Da war ich, stand in der Schlange und dachte nach über die 13,8 Milliarden Jahre, die die Welt schon existierte, all das Fantastische um uns herum, und dann kamen wir dran und man verkündete uns, der Hund könne nicht mit. Ein Canoidea, ein Hundeartiger, war doch auch der Höhlenbär! Und auch wenn ein Naturwissenschaftler es vielleicht nicht so unterschreiben würde, ich sah Tao und ihn als, wenn auch weit entfernte, Verwandte. Aber nein, Hunde durften nicht mit in die Höhle. Ich empörte mich darüber, und hinter mir in der Schlange regten sich Leute über mein Unverständnis auch noch auf!

Wieso, dachte ich, verlieren die Menschen so leicht den Blick auf die wirklich wichtigen Dinge, sind besessen von unwichtigen Regeln, die sie so lange zusammenpuzzeln, bis sie ein System über das Große und Ganze gezogen haben und so den Blick auf alles verstellen. Sie suchen immerzu nach Mängeln, und das so lange, bis sie sie – natürlich – auch finden, und dann geht das Theater los. Nun, sie sind immerhin beschäftigt. Ich wollte ihnen zurufen: Hallo, hier gehen wir, die Menschen auf der Erde, und sind doch nur eine kurze Weile hier, inmitten all der Pracht, von Gräsern und Bäumen, Schnee auf Blättern, Tropfstein und Felsen. Da muss sich doch niemand über einen Hund aufregen, der lieber zur Führung mitwill, als gelangweilt im Auto zu sitzen? »Was war bloß los mit den Leuten?«, dachte ich im pubertären Zorn. Wäre an diesem Tag nicht mein Mann gewesen, ich hätte keine Karte für mich gekauft, sondern mich zum Hund ins Auto gesetzt und gewartet, bis die Führung vorbei war. Diese Menschen! Immer das Kleine wählen, wenn es das Große gibt.

Dabei kann ich »das Kleine« wohl auch deshalb nicht leiden, weil ich nicht sonderlich gut damit umgehen kann, das muss ich zugeben. Mein Mann übrigens auch nicht. Der Alltag steht mit seiner unendlichen Folge von kleinen Forderungen und Pflichten, Plaudereien und kleinen Kompromissen wie ein Brennnesselgestrüpp in unserem Lebensgarten, zwischen älteren Büchern lagen alte Rechnungen, zwischen neueren die Mahnungen; neulich hat der Nachbar sich schriftlich beschwert, weil wir zu laut sind, dabei haben wir nur mal, na ja, richtig leidenschaftlich miteinander gesprochen. Und wir müssen in diesem kleinteiligen Leben existieren und können uns eigentlich nur daraus entfernen, wenn wir schreiben oder lesen.

In der Fränkischen Schweiz lautet die Sage, die Pottensteiner Höhle wäre der Eingang des Teufels zur Unterwelt, schon seit 1923 ist sie touristisch erschlossen, Wege und Treppen führen an den Tropfsteinen vorbei bis zum Höhepunkt der Führung, dem Höhlenbärenskelett. Es ist für Besucher hübsch inszeniert worden; lilarot angestrahlt steht es neben Stalagmiten, die wie große Kerzenstummel wachsweiß aus dem Boden ragen. Es sah in dieser feuchten Höhlenatmosphäre ein bisschen gefährlich aus, aber auch ein wenig gefährdet – ungefähr so wie eine Jahrmarktssensation –, jederzeit konnte es bei der kleinsten Berührung in sich zusammenfallen. Und dennoch war ich tief beeindruckt. Hier standen wir, Menschen bei der Gruppenführung, liefen unserem Guide hinterher und betrachteten das Skelett eines Tieres, das unsere eiszeitlichen Vorfahren gejagt hatten. Das vor 30 000 Jahren ausgestorben war. Wir lebten jetzt, noch – und doch würden alle hier, Kinder und Senioren, in dreißig, vierzig, fünfzig, maximal achtzig Jahren tot sein. War das eigentlich zu begreifen, wie war dies in Verhältnisse zu setzen? Man konnte es im Gemälde versuchen, im Gedicht, man konnte Erlebtes, Erdachtes und Erlesenes einfließen lassen und hoffen, die Leser erlebten ähnliche innere Zustände, solche, die über jedes Maß des Gewöhnlichen hinausgingen. Das ist es, was Dichter wollen: brennend und lebendig machen.

Es war, wie gesagt, im Winter gewesen, als wir diese Höhle besichtigt hatten, nach einer kleinen Wanderung, in welcher der Wald ein anderer war als im Sommer, Schnee lag überall, weiß und unberührt, aber keineswegs leicht. Das Weiß schien hier nur zu liegen, um das knorrige Schwarz der Stämme und Äste, das tote Holz zu bedecken, eine sinnlose Maskerade, der es nicht gelang, den alles bestimmenden Tod überall zu kaschieren. Es war so seltsam: Die Bäume waren die gleichen wie im Sommer, nur mit hübschem Zuckerguss bezogen, und doch war etwas Bedrohliches an ihnen, als warteten sie ab, reglos wie verzauberte Wesen, die ohne Weiteres samt Wurzelwerk den Standort ändern könnten. Spuren, wie wir sie hinterließen, hatten schon Wanderer und Spaziergänger vor uns gemacht, aber nun bedeuteten sie eine Art Beschmutzung, ein unpassendes Zerstören der Gegend, wo Grün und Licht einmal geherrscht hatten. Die Äste, die so weiß beladen über uns hingen, trugen mit dem Schnee eine Last, die Last der Jahreszeiten, die Last ihrer ungewissen Zukunft, so jedenfalls kam es mir an diesem Tag vor. Ich dachte die ganze Zeit, während unser Hund begeistert vor uns herlief, ein bisschen Schnee auf der Nase, daran, wie viel von dem, was um uns herum war, längst gestorben ist, dass wir aber besser nur an das Lebendige denken sollten.

Aus der Grenzsituation ergibt sich für Karl Jaspers die Erfahrung der Transzendenz. Der Mensch wird immer wieder tiefen Krisen ausgesetzt und stößt dabei an seine Grenzen. Aber was tun wir heute? Wir leben in einer Zeit, in der die Grenzen sich massiv verschieben; in denen Situationen, über die der Mensch nicht hinauskommt, die er nicht ändern kann, anscheinend weniger werden. Inzwischen können die Reichsten in den USA sich ihr Lieblingshaustier als Genkopie wiederauferstehen lassen, es ist ihnen Hunderttausende Dollars wert. Man kann Mammuts aus dem sibirischen Permafrost holen, ihre Zellkerne in die Eizellen von Elefanten transferieren und die Embryos dann auch von ihnen austragen lassen. Beim Tasmanischen Tiger und der Riesenseekuh sind diese sogenannten Lazarus-Projekte sehr konkret, ebenso bei der Wandertaube. Was wir alles wissen! Doch Wissen darf nicht mit Verständnis gleichgesetzt werden, und verstehen wir eigentlich, was wir da machen?

Alter, Krankheit und Tod können, vielleicht, einmal abgeschafft werden – wir sind mit allen Kräften dabei, eine Welt des Nichttodes aufzubauen, wir zeigen den Willen zur Dauer, aber mit dem Wissen und dem Wagnis des Untergangs. Wir tun so, als seien wir Schöpfer. Sind wir dazu berechtigt, fluoreszierende Schafe zu erschaffen, damit Hirten mit Sehproblemen sie beaufsichtigen können, wie es Forscher in Uruguay vor zwei Jahren bereits taten, indem sie die Schafsgene mit Quallen-DNA versetzten? Viehdiebe konnten die Tiere ja nun im Dunkeln auch besser sehen! Bereits 2011 wurde in Südkorea ein Klonhund erschaffen, der, wann immer die Menschen wollen, im Dunkeln zum Leuchten gebracht werden kann, wenn dem Futter ein bestimmtes Antibiotikum beigemischt wurde, das auf das neu eingebaute, fluoreszierende Gen einwirkte. Man konnte den Hund quasi ein- und ausschalten. Natürlich steckt dahinter die Idee,

Gendefekte beim Menschen heilen zu können, nicht, ein originelles Spielzeug zu machen. Und doch: Vielleicht möchten russische Milliardärskinder in näherer Zukunft mit einem Dodo spielen, wie Alice im Wunderland ihn traf, oder auf dem Zwergmammut zur Privatschule reiten? Das Denken scheint über Kategorien zu verfügen, um selbst das Fremdeste noch zu verarbeiten, doch das heißt nicht, dass Unwissenheit und Ignoranz nicht doch einen großen Teil unseres Kopfes beherrschen. Dazu, viel zu verstehen, hat stets das Wissen um die Grenzen des Verstehens gehört; zuzugeben, dass die Welt um uns so viel größer ist als wir selbst.

Die Welt ist sprachlich konstruiert. Alles kann erklärt werden, begrifflich gefasst, auch das Nichtwissen. Gedichte aber erklären überhaupt nichts. Ob ein Leser sie mag, ein Kritiker gar, ist fast willkürlich, weil die Regeln so lose sind: das ist die Kunst, unsere schwache Möglichkeit einer zweiten Schöpfung – dabei wissen wir, dass diese niemals mit dem Ganzen der Welt konkurrieren kann. Vielleicht auch nicht muss. Aber all das treibt für mich die wahre Suche nach einem neuen Sehen an. Zu fragen: Was brauchst du? Einen Baum, ein Haus? Alles ins Offene gedacht – und beantwortet am besten im Gedicht, dem es, möglicherweise, gelingt, zu vereinen, was wir wissen und was wir nur ahnen können.

(2014)

Über Arbeitsplätze:
E. T. A. Hoffmann im Poetenstübchen und Wolfgang Hilbig im Heizkeller

Der Dichter am Schreibtisch, das ist, wie jeder weiß, eine höchst intime Angelegenheit. Der Schreibtisch ohne Dichter, Jahre später, wird dann zur öffentlichen Stätte. Er findet sich in der Regel in sogenannten Geburts- und Sterbehäusern, also Museen, und wartet dort auf Besucher.

Im E. T. A. Hoffmann-Haus am Bamberger Schillerplatz, Dachgeschoss, gibt es zum Beispiel das sogenannte »Poetenstübchen«, das der Autor, Komponist und Zeichner einst selbst so benannte. Wir, die Stipendiaten des Internationalen Künstlerhauses Villa Concordia, erhalten eine Sonderführung von Professor Bernhard Schemmel, dem Leiter der E. T. A. Hoffmann-Gesellschaft. Insgesamt viereinhalb Jahre lang lebte Hoffmann in Bamberg. Er wurde dort weder geboren noch starb er dort, und doch gibt er selbst rückblickend seinen Bamberger »Lehr- und Marterjahren«, eine »ganz entscheidende« Bedeutung in seiner Vita: »Hier, in den Jahren bitterer innerer und äußerer Not, reifte ich zum Dichter heran.«

Das Poetenstübchen ist möbliert mit Bett und Pianoforte, und direkt unter der Dachschräge steht der Schreibtisch, der allerdings, wie die gesamte Einrichtung, kein Original ist, ja, nicht einmal der Nachbau des Hoffmann'schen Schreibtischs, da man nicht weiß, wie dieser aussah. Schemmel erzählt, er habe den Tisch anhand einer Skizze Hoffmanns, die ihn arbeitend zeigt, nachfertigen lassen. Eigentlich wisse man ja genauso wenig, wo im Poetenzimmer sich das Schreibpult befunden habe. Da jedoch das kleine Fenster, durch das die Katze den Schreibenden nachts gerne besuchte, mehrfach bei Hoffmann beschrieben wird, geht man davon aus, dass der Tisch so richtig steht.

So habe ich also ein Bild des schaffenden Hoffmann im Kopf, als ich das Museum verlasse: ein kleiner Mann zwischen vielen leeren Weinflaschen, der mit schier unerschöpflicher Energie winzig kleine, kalligrafisch schöne Manuskriptseiten bedeckt. Besucht habe ich eine Stätte dieser Abwesenheit.

Eine Wohnstätte ehemals, aber damals schon mit allen Implikationen der Unbehaustheit. E. T. A. Hoffmann, so berichteten seine Nachbarn, hätte sich, während er dichtete, leicht in eine Furcht vor seinen eigenen Gestalten hineingesteigert, so lebendig erschienen sie ihm, und dann suchte er Trost bei seiner Frau. Nachts um zwei oder drei Uhr, eine Kerze in der zitternden Hand, sei der Dichter oft den dunklen Hang die Altenburg hinabgegangen, erzählt wiederum eine andere Quelle – wie eine Spukgestalt habe er gewirkt.

Wolfgang Hilbigs unheimliches Gedicht »stätten« fällt mir ein,

stätten gibt es – schamlosen sterbens voll – doch wer
der sich empörte soll hier leben

In dem höchst lesenswerten Band *Hilbigs Bilder* findet sich eine Interpretation Jan Röhnerts zu diesem Gedicht, das zu einer Federzeichnung von Urs Graf entstand. Röhnert weist auf die interessante Semantik und Etymologie des Wortes »Stätten« hin. Eine »Stätte«, schreibt er, »bildet das Domizil dessen, der zur Abwesenheit verdammt ist.« Hilbigs Werk scheint ausschließlich von solchen Stätten der Abwesenheit zu handeln, das wahrnehmende Ich wird von ihnen gleichsam durchdrungen und aufgelöst. Oder ist es umgekehrt, handelt es sich um die nach außen gestülpte Leere des Individuums, stellt der es umgebende Raum aus Nebel, Rauch, Industriegerüchen und archaisch-utopischen Ruinen nur ein hübsches Ablenkungsmanöver dar? Hilbigs Arbeitsplatz jedenfalls bleibt für mich immer mit dem rauchigen Kämmerchen des »Heizers« aus seiner Erzählung verbunden: ein aus Wahrheit und Fiktion zusammengesetztes Fantasiebild, wobei ich den Schreibenden und das beschriebene Papier in unmittelbarer Nähe eines lodernden Feuers platziere, praktisch brennend. Ich stelle mir vor, die latente Bedrohung durch das archaische Feuer zittere in jedem Satz des Autors nach. Im Heimatmuseum Meuselwitz bei Leipzig, wo Hilbig herstammt, gibt es meines Wissens keinen Schreibtisch, aber wozu auch, in diesem Fall? Der Autor und sein Werk sind zur Chiffre für Unbehaustheit geworden. In den Aufsätzen in *Hilbigs Bilder*, die sich mit dem Verhältnis des 1997 verstorbenen Autors aus der ehemaligen DDR zu einzelnen Kunstwerken sowie der Bildlichkeit seiner Texte bechäftigen, finden sich dazu bestechende Lesarten.

Ist das Arbeitszimmer des Dichters dann die Stätte par excellence? Röhnert nennt »Stätte« den Ort, wo man nie wirklich heimisch ist, denn ihre Berechtigung ergibt sich eben nur aus dem Umstand, dass es den anderen ,»richtigen« oder »wahren« Ort, an dem »man« tatsächlich zu Hause sein könnte, gar nicht (mehr) gibt und (noch) nie im Leben gegeben haben mag. Die Stätte ist das Substitut eines Ortes, zu dem das Ich keine organische Beziehung, keine innere Verwandtschaft aufbringen kann – »das vorübergehende Domizil eines Subjektes, das zu ewiger Vorläufigkeit und dauernder Unbehaustheit geboren ist«.

Die Schweizer Dichterin Erika Burkart hat die letzten Jahre ihres Lebens wegen Krankheit in zwei Zimmern ihres Aargauer Hauses zugebracht: Sie waren ihre Schreib-, Wohn-, Arbeits- und später Sterbestätte. Eine Ahnung davon spürt man in ihren letzten Aufzeichnungen, die im Jahr 2013, vier Jahre nach ihrem Tod, von ihrem Mann im berührenden Auswahlband *Am Fenster, wo die Nacht einbricht* publiziert wurden – insgesamt hat Erika Burkart 24 Hefte mit Notizen hinterlassen. Der in der Schweiz mehrfach ausgezeichneten Lyrikerin eröffneten sich aus ihrer Wohn- und Schreibstätte hinaus Fenster in die sich dauernd verändernde Natur, immer neue Blicke in die Welt. Es ist eine Welt aus Schönheit, Freude und Schmerz, die sie dort findet. Der »Himmel heute wund-blau, wie geschält«, notiert sie einmal, dann wieder heißt es: »Am Fenster stehend, abends in der Dämmerung, wenn es Asche schneit im Zimmer wie draußen, stehen und schauen, eine Lichtung ausmachen, ein Sternbild, ein Wolkengebirge: als wäre in diesem Schauen der Tag gerettet.« Wer so auf Rettung hinschreiben kann, dessen Wohnstätte stellt man sich hell vor, nicht eng. Heller noch als den Hades, den Erika Burkart in ihrem Gedicht »Hades; 21 Zeilen«, ebenfalls aus den Notizheften stammend, folgendermaßen beschreibt:

Es ist eine Verheißung aus mythischer Zeit,
dass auch unten,
unseren Gestirnen entrückt,
Blumen blühen;
Lilienverwandte, lichtabgewandte, geleitend
Abgeschiedene beidseits des Pfades,
den sie die Totenspur nennen.

Natur und Schreiben, egal ob an Tischen oder bei Ausblicken aus Fenstern, bietet mehr als nur Trost; wenn die Verbindung glückt, verwandeln sich Stätte in Orte, und selbst die Unterwelt hat etwas Weltverwandtes. Vielleicht gibt es doch so etwas wie eine helle Unbehaustheit.

(2014)

Ein Spukkind zu Weihnachten
Über Theodor Storm

Theodor Storm
Weihnachtsabend

Die fremde Stadt durchschritt ich sorgenvoll,
der Kinder denkend, die ich ließ zu Haus.
Weihnachten war's; durch alle Gassen scholl
der Kinderjubel und des Markts Gebraus.

Und wie der Menschenstrom mich fortgespült,
drang mir ein heiser Stimmlein in das Ohr:
»Kauft, lieber Herr!« Ein magres Händchen hielt
feilbietend mir ein ärmlich Spielzeug vor.

Ich schrak empor, und beim Laternenschein
sah ich ein bleiches Kinderangesicht;
wes Alters und Geschlechts es mochte sein,
erkannt ich im Vorübertreiben nicht.

Nur von dem Treppenstein, darauf es saß,
noch immer hört ich, mühsam, wie es schien:
»Kauft, lieber Herr!« den Ruf ohn Unterlaß;
doch hat wohl keiner ihm Gehör verliehn.

Und ich? – War's Ungeschick, war es die Scham,
am Weg zu handeln mit dem Bettelkind?

Eh meine Hand zu meiner Börse kam,
verscholl das Stimmlein hinter mir im Wind.

Doch als ich endlich war mit mir allein,
erfaßte mich die Angst im Herzen so,
als säß mein eigen Kind auf jenem Stein
und schrie nach Brot, indessen ich entfloh.

Ein Versäumnis wird hier geschildert, wie es häufig vorkommt: Ein Passant geht abends an einem bettelnden Kind vorbei, ohne ihm etwas zu geben, und hinterher plagt ihn das Gewissen. Verstärkt wird die Situation noch durch den Zeitpunkt: Es ist Weihnachten, außerdem bittet das »Stimmlein« aus dem Dunkel nicht einfach um ein paar Münzen, sondern bietet sogar etwas zum Verkauf. Das lyrische Ich, das eben noch durch die lebendige, lärmende Stadt gegangen ist – nicht seine Heimatstadt, sondern eine »fremde« –, befindet sich in der letzten von sechs kreuzgereimten Strophen à vier Zeilen wieder mit sich selbst allein, hat sich vom Trubel und »Kinderjubel« der Hauptstraße entfernt oder ist bereits in seiner Unterkunft angekommen. Dort stellt es sich vor, es wäre einer der eigenen Sprösslinge, der auf dem steinernen Treppenabsatz kauerte und die Vorübergehenden um Hilfe anflehte: Was, wenn andere Männer ebenso herzlos wären wie er, der Erzähler? Als eine Aufforderung zur Nächstenliebe lässt sich das Gedicht also lesen, eine der Tugenden, die Theodor Storm gerne in das Zentrum seiner Arbeit rückte. In seiner bekanntesten Novelle »Der Schimmelreiter« etwa gilt die letzte Sorge des Deichgrafs Hauke Haien, bevor er sich in den Tod stürzt, den Dorfbewohnern: »Herr Gott, nimm mich, verschon die andern.«

»Weihnachtsabend« ist im Jahr 1852 entstanden, in Theodor Storms vorläufig letztem Jahr als selbstständiger Rechtsanwalt in Husum, bevor er nach Potsdam ging; der Dichter hatte zu dieser Zeit zwei Söhne mit seiner ersten Frau Constanze. Es ist nicht das einzige Gedicht Storms, das sich mit dieser christlichen Feier befasst – es gibt weitaus berühmtere –, ja, es ist nicht einmal das einzige mit diesem Titel: Bereits ein Jahr zuvor ist ein deutlich längeres gleichen Namens entstanden, in welchem am Weihnachtsabend ein lange verreister Sohn glücklich zu seiner Familie heimkehrt. Der 1817 in Husum geborene Schriftsteller war, wenn man so will, ein rechter Weihnachtsfanatiker; Nachschlagewerke geben sogar an, das Verb »weihnachten« wäre von ihm erfunden worden, es ginge nämlich auf sein Gedicht »Knecht Ruprecht« zurück – eines der allgemein bekannten –, in dem es heißt: »Ich muss euch sagen, es weihnachtet sehr!« Es waren laut Storms Tochter Gertrud aufwendige Rituale, die an den Festtagen im Hause gepflegt wurden. War dies nur Ausdruck eines ganz und gar bürgerlichen Geistes, der da in Storm wohnte und dessen Grundspannung mit seinem Künstlertum bereits Thomas Mann im Jahr 1930 zu seinem meisterhaften Storm-Essay inspirierte?

Einen großen Teil der Spannung gewinnt das Gedicht »Weihnachtsabend« durch die Schilderung der Kindererscheinung, gerade weil der Ich-Erzähler gar nicht besonders viel sieht. Nachdem das »heiser Stimmlein« den Vorübergehenden angesprochen hat, nimmt der vom Kinderkörper bloß ein »magres Händchen« und »ein bleiches Kinderangesicht« wahr. Weder Alter noch Geschlecht erkennt er »beim Laternenschein«; das Auftauchen der kleinen Gestalt bleibt kurz und unheimlich, wie ein Spuk. Ähnlich schauerliche Textstellen findet man übrigens bei Storm zuhauf, so etwa in den Novellen: Da ist die Mutter, die aus dem Rahmen ihres Bildes tritt, um ihr Kind zu beschützen (»Eekenhof«), oder der Arzt, der eine Vision hat, die sein weiteres Leben bestimmt

(»Ein Bekenntnis«). Im »Schimmelreiter« wird die eigentliche Geschichte sogar erst ausgelöst durch die am Anfang geschilderte Begegnung eines Reisenden mit einer unheimlichen Erscheinung. Die »hagere Gestalt« mit »brennenden Augen« auf einem weißen Pferd gewinnt ihre Spukhaftigkeit ebenso wie das Kind im Weihnachtsgedicht durch die gezielt fragmentarische Beschreibung: »Was ist es, das wir alles nicht sehen?« ist Storms bei alldem mitschwingende Frage.

Storm war kein gläubiger Christ, seine Vernunft stand ihm im Weg, eine Tatsache, die er immer wieder, sehr deutlich auch gegenüber seinem Kollegen und Brieffreund Eduard Mörike, beklagte. Doch eine tiefe Sehnsucht nach dem Geheimnis einer jenseitigen Welt trieb ihn um, die auch sein Interesse für Aberglauben und alte Geschichten erklärt. Durch die Weihnachtszeremonie, so scheint es, will Storm eben jene feierlich-religiöse Stimmung schaffen, die, wenigstens zeitweise, die Beteiligten in eine andere, heilende Sphäre versetzt, er will menschliche Nähe in eine gottferne Welt bringen. Dass dies nicht immer leicht ist, sondern dass dabei sehr realistische Spukkinder klagend am Wegrand sitzen und an die Ungerechtigkeit der Welt, an ihre Abgründe und Ungereimtheiten erinnern, dies ist rund hundertsechzig Jahre später, an Weihnachten, in einer Zeit, in der des »Markts Gebraus« nicht nur weihnachtet und den alljahresendlichen Konsumterror über die Einkaufszonen ausschüttet, sondern außerdem die weltweiten Spekulationsblasen platzen lässt, nicht weniger wahrscheinlich als zu Storms Zeiten.

(2010)

Einer, über den nicht jeder spricht: Der (fast) vergessene Dichter Christian Wagner

Christian Wagner
Erinnerungen hinter der Erinnerung

Strahlt nicht auf mitunter, so zu Zeiten
Kunde her von unsern Ewigkeiten?

So urplötzlich und so blitzesschnelle
Wie die blanke Spieglung einer Welle?

Wie die ferne Spieglung eines bunten
Kleinen Scherbchens an dem Kehricht drunten?

Wie die rasche Spieglung einer blinden
Fensterscheibe am Gehöft dahinten?

Die metall'ne Spieglung einer blanken
Pflugschar drüben an der Wiese Schranken?

Augenblicks mit Licht dich übergießend,
Augenblicklich in ein Nichts zerfließend.

Er trug, wie die alten Fotos zeigen, die unglaublichsten aller vorstellbaren Koteletten, die das Gesicht über das Kinn, von

Ohr zu Ohr, u-förmig umrahmten – ein wenig wie Schopenhauer, nur mehr nach unten hin, mehr Kinnbart. Er hatte manchmal ein geradezu großväterlich freundliches Lächeln, dann durchstach einen sein strenger, geheimnisvoll wissender Blick: der sogenannte »Bauern-Dichter« Christian Wagner, also der Mann, der dem Beruf nach Bauer war, der Berufung nach indessen Dichter.

Wagner lebte sein Leben lang in einem kleinen Haus im schwäbischen Ort Warmbronn. Die beiden Stuben im Erdgeschoss, die die Familie bewohnte, sind heute noch mit dem dunklen, schlichten Mobiliar eingerichtet, das man 1918, im Todesjahr des damals 82 Jahre alten Dichters, vorfand: ein kleiner Schreibtisch, Spiegel, Bauernschrank, Wanduhr und ein trotzig dreinblickender ausgestopfter Vogel, der die Uhr zu beobachten scheint: das ist das Arbeitszimmer. Im Schlafzimmer gibt es ein schmales Bett und sonst nicht viel. Heute, beheizt und mit elektrischem Licht sowie frisch getünchten, hellen Wänden versehen, wirken die Kammern auf pittoreske Art altmodisch, süß wie Puppenstubenzimmer. Gut nur, dass man fast hundert Jahre später zu Besuch ist und in der Puppenstube nicht für längere Zeit wohnen, heizen, schlafen und arbeiten muss …

An diesem winterlichen Sonntagvormittag ist ebendieses Haus völlig überlaufen, der »Bauern«dichter scheint von den Schwarz-Weiß-Fotos über dem Treppengeländer aus, das Spektakel mit einer gewissen Ironie zu betrachten. Gefeiert wird die Verleihung des nach ihm benannten Preises an Helga M. Novak. Es drängeln sich Literaturbegeisterte, darunter viele Freunde und Mitglieder der Christian-Wagner-Gesellschaft – die für Wagners Präsenz im heutigen Literaturbetrieb verantwortlich zeichnet –, auf den schmalen Stiegen, um in den ersten Stock zum Veranstaltungsraum zu gelangen. Da Helga M. Novak aus Krankheitsgründen nicht kommen konnte, lesen Wulf Kirsten und ich abwechselnd Gedichte von ihr. Beim obligatorischen Umtrunk nach der Veranstaltung beklagt Dr. Karl Kollmann, der Vorsitzende der Wagner-Gesellschaft, dass es so viel schönes Material über den Dichter gebe, aber kein Doktorand interessiere sich dafür. »Lieber schreiben sie die dreihundertste Dissertation über Kafka«, stimmt ein mir Unbekannter ihm traurig zu. Ich nicke und schweige, an meine zur Hälfte fertiggestellte Kafka-Doktorarbeit denkend, die seit fünfzehn Jahren bei mir zu Hause auf einer Diskette – damals gab es das noch! – ruht. Christian Wagner hat Glück mit seiner Gesellschaft. Zwar ist er vielen Literaturinteressierten unbekannt, anderen gilt er immerhin als einer der »Vergessenen« – das ist ja auch schon ein gewisser Bekanntheitsgrad. Und für die Menschen um Stuttgart, vor allem Richtung Leonberg hin, ist er gar ein bedeutender Name, ein Autor, der immer wieder im Kulturteil ihrer Zeitung auftaucht, dessen Haus man sich auch schon mal angeguckt hat.

Überhaupt ist es mit der Bekanntheit ja so eine Sache. Als ich neulich nach einer Kinderbuchlesung Fragen gestellt bekam, war eine der ersten: »Sind Sie berühmt und wohnen in einer Villa?« Ich musste leider verneinen. Unruhe im Publikum. Dann gab mir ein kleines Mädchen noch eine Chance: »Aber kennen Sie berühmte Leute?« Jetzt fragte ich zurück: »Was meinst du mit berühmten Leuten?«

»Zum Beispiel Dieter Bohlen!«, juchzte sie.

»Ja«, sagte ich, »aber wie ihr nur aus dem Fernsehen.«

Danach gab es keine Fragen mehr, dennoch wollten plötzlich alle ein Autogramm von mir, auf kleinen Karteikarten, die die rege Bibliothekarin dieser Frankfurter Schule in Windeseile mit netten Aufklebern, Blumen oder Herzchen, verzierte. Vermutlich bestand bei den Kindern die Hoffnung, mich einmal vor oder nach einer Bohlen-Sendung, am besten jedoch mit ihm zusammen, im Fernsehen zu entdecken. Doch zurück zu Wagner.

Es ist schon seltsam: Christian Wagner besaß alle Merkmale, die ihn zur Kultfigur hätten machen können, so dass man ihn, wie auch die wiederentdeckte Christine Lavant, aus seinem toten Winkel hervorholen könnte, seine visionäre Erdhaftigkeit lobend, die Präzision seiner funkelnden Bilder. Gustav Landauer hat das getan, der ihn »in einem Zustand der Ekstase und Prophetie« erlebte, auch Hermann Hesse hat ihn hoch geschätzt – zwei unter vielen.

Genug berühmte Namen also, die für ihn ins Horn gestoßen haben, aber manchmal reichen die Glücksumstände einfach nicht, um genug Aufmerksamkeit zu erzeugen.

Doch anscheinend wollte Christian Wagner gar kein großes Bohei um sich. So schrieb Hermann Hesse 1919, als er längst einen Auswahlband mit Gedichten Wagners herausgegeben hatten: »Es gibt Dichter, welche allen Bemühungen der Journalisten um ihre Berühmtheit siegreich widerstehen. So einer ist Christian Wagner. Wie viel haben wir uns um ihn bemüht, wie viel haben wir unseren Freunden von ihm erzählt, öffentlich und privatim, und wie wenig hat es genützt.« Also bitte – weiterbemühen. Die eine oder andere Doktorarbeit wäre doch wirklich ganz schön.

Oder einfach ein bisschen an ihn denken, an diesen Mann, dem es immerhin gelang, so schöne, überlieferswerte Gedichte zu schreiben, Gedichte wie das diesem Text vorangestellte »Erinnerungen hinter der Erinnerung«. Vielleicht in einer Szene im Freien, wie der Schriftsteller Hermann Lenz in seinem autobiografischen Roman *Verlassene Zimmer* von 1966: »Ich stelle mir vor, wie er dasteht am Rande von Warmbronn und ins Weite schaut. Menschen sieht er keine, nur Hügel, Äcker, Wiesen und zuweilen eine blitzende Glasscherbe, eine Pflugschar, beide weitab. Er hat's gern, wenn der Blick sich ins Ferne öffnet.«

(2011)

Das Orakel des Blicks
Über Rainer Maria Rilke

Rainer Maria Rilke

Spiegel: noch nie hat man wissend beschrieben,
was ihr in euerem Wesen seid.
Ihr, wie mit lauter Löchern von Sieben
erfüllten Zwischenräume der Zeit.

Ihr, noch des leeren Saales Verschwender –,
wenn es dämmert, wie Wälder weit ...
Und der Lüster geht wie ein Sechzehn-Ender
durch eure Unbetretbarkeit.

Manchmal seid ihr voll Malerei.
Einige scheinen in euch gegangen –,
andere schicktet ihr scheu vorbei.

Aber die Schönste wird bleiben, bis
drüben in ihre enthaltenen Wangen
eindrang der klare gelöste Narziß.

Als große, »blanke« Flächen kommen Spiegel häufig in Rainer Maria Rilkes Gedichten vor; sie dienen nicht der eitlen Betrachtung, sondern sind in ganz und gar positivem Sinn Mittel der Erkenntnis, der Erweiterung, des Übergangs und der Erneuerung. Das gilt auch für dieses dritte Sonett aus dem zweiten Teil der *Sonette an Orpheus*, die Rilke im Februar 1922 während seiner rasenden Schaffensphase im längst zum Pilgerort gewordenen Walliser Turm Muzot verfasste. Eingängig wie ein Schlager-Ohrwurm beginnt der Text: »Spiegel: noch nie hat man wissend beschrieben«, und im Wörtchen »wissend« steckt schon der ganze Rilke, der auf das Ganze abzielende späte Romantiker, der Seher, der mit großer Geste wegwischt, was vorher war, und der zum Schutze seiner *persona* für manche Entwicklung seiner Zeit, etwa die Psychoanalyse, nicht wie viele Kollegen als Proband zur Verfügung stand.

Es werden verschiedene Eigenschaften von Spiegeln aufgezählt. Sie seien, heißt es, die »wie mit lauter Löchern von Sieben« »erfüllten Zwischenräume der Zeit«, »des leeren Saales Verschwender«, »wie Wälder weit«, »voll Malerei«. Die letzte Zeile der zweiten Strophe kennzeichnet sie als »unbetretbar«, dann widerspricht sich der Autor genüsslich, wenn er, wieder direkt an die magischen Gegenstände gerichtet, sagt: »Einige scheinen *in* euch gegangen«.

In der Logik des Gedichts, die weitgehend eine Logik des Klangs und der Form ist, nimmt im Kopf des Lesers ein absoluter Spiegel Gestalt an, ein Gegenstand, der anscheinend so bedeutend ist wie das Leben und die Kunst an sich, gerade weil er den zahlreichen Wie-Vergleichen mit Haushalt, Metaphysik und Natur standhält. Nur durch dieses sprachliche Öffnen und Drehen des Spiegels wird seine Macht deutlich, als »Doppelgänger des Raums« – diese Bezeichnung findet sich in einem Entwurf für das direkt vor diesem stehende Sonett – gleichsam Prüfstein zu sein für die Welt.

Und so wird glaubhaft, dass am Ende das Bild des Narziss steht, der von der Beschäftigung ausschließlich mit sich selbst ablässt und sich mit der »Schönsten« vereinigt, indem er den Spiegel als Übergangstür benutzt.

Es ist ein rätselhaft-zauberisch anmutendes Eindringen, da man erfährt, dass »die Schönste« an ihrem Platz in einem Raum »drüben«, also hinter dem Spiegel, bleiben wird – mit »enthaltenen« Wangen. Im Jenseits, im neu erschlossenen Raum – der theoretisch ja auch mit Angst besetzt sein könnte, als Hades, als Todesfeld – wirkt die Schönheit der Frau weiter: als hätten sich zwei Mythen einander anverwandelt, als wäre Orpheus, der Sänger, aufgegangen im Bild des Narziss und könnte die schöne, tote Eurydike nun zwar nicht heimführen, aber in jenem geheimnisvollen Innenraum des Spiegels bewahren. Auf diese Weise gelesen, endete das Sonett in einem betörenden Bild für – Erinnerung.

Virginia Woolf hat zehn Jahre später in ihrem *Brief an einen jungen Dichter* geschrieben, es sei die Aufgabe des Dichters, Beziehungen zwischen den Dingen herzustellen, die auf den ersten Blick unvereinbar aussähen, aber doch über eine heimliche Zusammengehörigkeit verfügten. Dies gilt für dieses Rilke-Sonett ganz besonders, wenn so unterschiedliche Dinge wie Wald, Siebe, Lüster, Malerei und Narziss auf einer halben Textseite zusammenfinden, wo sich erst vor dem Spiegel Räume eröffnen und man an schillernde Ballsäle, zeitlose Tanznächte und überhaupt rauschhaftes Leben denkt, bis man vom Dichter auf die Leere vor dem Spiegel gestoßen wird, wenn einige scheu vorbeigegangen sind, andere eindrangen. Auch dies lässt sich wieder auf die Leser beziehen: Gehen sie scheu am Gedicht vorbei? Dringen sie ein? Sind sie, und in diesem Fall wäre das sogar gut, so narzisstisch, sich in dem Gedicht selbst zu sehen? Lassen sie das Rätsel zu, das dieses Gedicht bis zuletzt darstellt?

Rilkes Brieffreundin und begeisterte Anhängerin Marina Zwetajewa hat Lesern nicht umsonst geraten: »Doch versucht euch an dem *ganzen* Rilke.« Rilkes Spiegel tauchen, wie auch die Figur des Narziss und vor allem die Engel, immer wieder auf und werden durch die Bücher hindurch zu vertrauten Erscheinungen: wie Bekannte, deren Geheimnis man nie restlos ergründen kann, die trotz wiederholter Begegnung über die Jahre hinweg darin nichts eingebüßt haben, sondern selbstverständlich geworden sind in ihrem vertrauensvollen Glauben an die Heilsamkeit aller Übergänge, vom Leben in den Tod. Man erinnert sich bei der Lektüre an Hans Christian Andersens Märchen »Die Schneekönigin«, in dem ein teuflischer Spiegel in winzige Stücke zerspringt und die Scherben den Menschen in die Augen geraten, so dass die Getroffenen »alles verkehrt« sehen, nicht mehr das Gute, sondern nur noch das wahrnehmen können, »was bei einer Sache verkehrt ist«: Dieser Teufelsspiegel hat vielen schon im Kindesalter Angst gemacht.

(2007)

Zeichen im Schattenland
Über Gottfried Benn

Gottfried Benn

was dann nach jener Stunde
sein wird, wenn dies geschah,
weiß niemand, keine Kunde
kam je von da,
von den erstickten Schlünden,
von dem gebrochnen Licht,
wird es sich neu entzünden,
ich meine nicht.

doch sehe ich ein Zeichen:
über das Schattenland
aus Fernen, aus Reichen
eine große, schöne Hand,
die wird mich nicht berühren,
das läßt der Raum nicht zu:
doch werde ich sie spüren
und das bist du.

und du wirst niedergleiten
am Strand, am Meer,
aus Fernen, aus Weiten:
»– erlöst auch er«;
ich kannte deine Blicke

und in des tiefsten Schoß
sammelst du unsere Glücke,
den Traum, das Loos.

ein Tag ist zu Ende,
die Reifen fortgebracht,
dann spielen noch zwei Hände
das Lied der Nacht,
vom Zimmer, wo die Tasten
den dunklen Laut verwehn,

sieht man das Meer und die Masten
hoch nach Norden gehn.

wenn die Nacht wird weichen,
wenn der Tag begann,
trägst du Zeichen,
die niemand deuten kann
geheime Male
von fernen Stunden krank
und leerst die Schale,
aus der ich vor dir trank.

Das Gedicht ist so unheimlich und gleichzeitig so klangvoll schön, man muss es zweimal lesen, um den radikalen Inhalt einzufangen. Achtzeilige Strophen, kreuzgereimt, in fallenden Rhythmen mit abwechselnd männlichen und weiblichen Kadenzen: Wie ein evangelisches Kirchenlied, etwa der Choral »Nun danket alle Gott / mit Herzen, Mund und Händen«, hört sich dieses Benn-Gedicht an. Es beginnt mit einer Umschreibung des Todes: »was dann nach jener Stunde / sein wird, wenn dies geschah«; in der dritten Zeile geht es dann bereits darum, was später kommt: Zeichen, eine Schattenhand, Blicke, Klavierspiel, geheime Male: das ganze Repertoire des Schaurigen wird aufgefahren, einen Raum »dahinter«, hinter dem Leben, zu umschreiben.

Den sehr jungen Benn kannte man anders. Der gelernte und praktizierende Arzt, der alles über die Stadien der Verwesung wusste, veröffentlichte 1912 – er war Mitte zwanzig – seinen schmalen Erstling *Morgue und andere Gedichte*, eine Sammlung, die den expressionistischen Gestus mit der schockierenden Härte der Todesbeschreibung verband. Zur Zeit der Niederschrift von Gedichten wie »Mann und Frau gehen durch die Krebsbaracke« (»Hier, diese blutet wie aus dreißig Leibern / Kein Mensch hat so viel Blut. / Hier dieser schnitt man erst noch ein Kind aus dem verkrebsten Schoß«) arbeitete Benn als Assistenzarzt der Pathologie.

Dieser Dichter war es, der immerzu den Verlust eines transzendenten Weltgefühls beklagte. Und doch ist in Benns Werk ab etwa 1920 dezidiert der Glaube an eine immaterielle, geistige Instanz herauszulesen, die, wenn auch nicht gleichzusetzen mit dem christliche Gott der Offenbarung, mit jenem große Ähnlichkeiten aufweist.

Man kennt die Biografie vom die Extreme liebenden, zeitweilig sogar den Nationalsozialismus verteidigenden Dichter-Arzt, der dann 1938 dennoch aus der Reichsschrifttumskammer ausgeschlossen wurde und Schreibverbot erhielt. Doch schon vor dieser, wenn man so will, Phase der Verblendung zeigte er sich immer wieder als Künstler, der sich in seine Worte einschloss, um in seinen Formulierungen Sinn und utopische Fluchtmöglichkeiten zu suchen. »Wer das verlor, was du verlorst, macht nirgends Halt.« Diese Gedichtzeilen von Friedrich Nietzsche bedeuteten Benn, dessen Wille zur Grenzüberschreitung – bei Drogen, Frauen und eben in der Kunst – seit jeher groß war, sehr viel. Sein Bewusstsein einer existenziellen Ortlosigkeit war sicher den

Verwüstungen, die die Geschichte des 20. Jahrhunderts hervorbrachte, geschuldet, doch ebenso wohl seiner ureigenen psychischen Verfassung.

Der Raum jenseits der Grenze, den Benn in »aus fernen, aus reichen« besingt, hat nichts Heimeliges; »gebrochene Schlünde« und »ersticktes Licht« gibt es anscheinend; die »große schöne Hand«, die von dort kommt, wird zwar zu spüren sein, aber ohne dass sie das empfindende Ich berührte. Das Preislied ist unheimlich; auch die Liebe bleibt Erinnerung (»ich kannte deine Blicke / und in des tiefsten Schoß / sammelst du unser Glücke«), Assoziationen zu Fruchtbarkeit oder Eros bleiben Andeutungen. Zuletzt stirbt der Mensch alleine (»– erlöst auch er«).

Das Gedicht stammt von 1927. Benn schrieb es fünf Jahre nach dem Tod seiner ersten Frau. Die politischen Verhältnisse waren bereits verworren. Auf was verließ sich der Dichter, der sich auf nichts mehr verlassen konnte, aber eben doch immer einige Menschen, gerade Frauen, traf, die ihm und seinen Kindern wohlgesinnt waren?

Schicksalsvertrauen wäre eine der möglichen Reaktionen, die dieser Text in seiner gebetsartigen Intensität im Leser hervorrufen könnte, Versöhnungsbereitschaft mit dem Dasein an sich durch die Einsicht, dass es bei aller Unsicherheit doch einen größeren Plan hinter allem gibt. Das Gedicht stellt einen Aufruf zum Vertrauen dar, eben weil es das Leben nach dem Tode zwar unscharf, aber sehr sicher zu denken versucht. Es ruft wieder eine Ahnung dessen hervor, welche Möglichkeiten noch jenseits der Wissenschaft, der Leiblichkeit, der Vernunft – ja, vielleicht selbst jenseits der Worte liegen. Den Menschen ist die Gabe der Hoffnung geschenkt worden, doch was wirklich kommen wird, sprengt ihre Vorstellungskraft.

So erscheinen in der letzten Strophe die Tempi, die Benn in

der Syntax benutzt, auf einmal seltsam vertauscht: »wenn die Nacht wird weichen« – liegt in der Zukunft, steht aber vor der Zeile: »wenn der Tag begann«, was eine unmittelbar darauf folgende Vergangenheit zu sein scheint. Es werden keine Rätsel aufgegeben, sondern es wird von Geheimnissen berichtet; und es sind auch in diesen Zeilen wiederum die bewusst gewählten Reime, die alle Widersprüche im Klang vereinen: kein Stolz, keine Verachtung soll demnach angesichts des notgedrungenen Sterbens herrschen, stattdessen Gläubigkeit und Wachheit den Zeichen gegenüber. Das Ende findet statt in einer Stimmung des Aufbruchs, die hoffen lässt. Ist die letzte Grenze überschritten, werden sich dem Menschen die letzten Gründe offenbaren – Benn dichtet hier, als wüsste er darum mit Gewissheit.

(2013)

Längst kein Spiel mehr
Über Nelly Sachs

Nelly Sachs
Einer wird den Ball nehmen

Einer
wird den Ball
aus der Hand der furchtbar
Spielenden nehmen.

Sterne
haben ihr eigenes Feuergesetz
und ihre Fruchtbarkeit
ist das Licht
und Schnitter und Ernteleute
sind nicht von hier.

Weit draußen
sind ihre Speicher gelagert
auch Stroh
hat einen Augenblick Leuchtkraft
bemalt Einsamkeit.

Einer wird kommen
und ihnen das Grün der Frühlingsknospe
an den Gebetmantel nähen
und als Zeichen gesetzt

an die Stirn des Jahrhunderts
die Seidenlocke des Kindes.

Hier ist
Amen zu sagen
diese Krönung der Worte die
ins Verborgene zieht
und
Frieden
du großes Augenlid
das alle Unruhe verschließt
mit deinem himmlischen Wimpernkranz

Du leiseste aller Geburten.

Von Beginn an klingt das Gedicht wie eine religiöse Verkündung. Einer wird kommen, steht da, ein Messias, ein Retter. Er »wird den Ball / aus der Hand der furchtbar / Spielenden nehmen«. Durch das Adverb »furchtbar« wird die Verantwortungslosigkeit der Spielenden kritisiert, auf die Gefahr ihres Tuns hingewiesen. Dem »furchtbaren« Spiel entgegen steht der Begriff der »Fruchtbarkeit«, auf den, in der Assonanz in der vierten Strophe, das Substantiv »Frühlingsknospe« folgt, bis dann zuletzt das Wort »Frieden« ausgesprochen werden kann: Beispielhaft – und in einer sehr eigenen, rhythmisch schönen Sprechbewegung – beschreibt das Gedicht eine Bewegung zum Guten hin.

»Einer wird den Ball nehmen« lebt, wie zahlreiche Gedichte der 1891 geborenen Jüdin Nelly Sachs, von Bildern, die der Gläubigkeit der Verfasserin geschuldet sind. In den fünfziger Jahren des vergangenen Jahrhunderts, als sie im schwedischen Exil lebte und den Tod der Mutter ebenso zu verkraften hatte wie das unbegreifliche Grauen des Völkermords an den europäischen Juden, las sie jüdische Religionsphilosophen, etwa Martin Buber, und verarbeitete die dort gefundenen Wahrheiten schreibend, durch die Umsetzung in Lyrik.

Dieses Gedicht ist inspiriert von einem Leitgedanken der jüdischen Mystik, nach dem das Aussprechen eines Wortes gleichzusetzen sei mit dem Entwurf einer Wirklichkeit. Der gelebte Alltag stellt für die Menschen – genau wie die ihnen anvertraute Natur – ein dauerndes Risiko dar; unser Spiel ist nicht schön, es ist »furchtbar«. Dagegen gilt es, den Zustand des »Friedens« als utopischer Möglichkeit zu erreichen. Aus diesem Grund appelliert die rätselhafte Seherstimme des Gedichts – nachdem sie an das »Feuergesetz« der Sterne »weit draußen« erinnert – an die Menschen: »Hier ist / Amen zu sagen«. Nur dann, wenn Versöhnung und Einverständnis als sprachschöpferischer Akt gewährleistet sind, kann sich das »Augenlid« verschließen, die »Unruhe« aufhören – eine paradiesische, geradezu jenseitige Vorstellung. Eine »Neugeburt«. Dass es kein lyrisches Ich gibt in diesem Text und dass »Einer« von einer Seherstimme angerufen und angekündigt wird, ist unabdingbar. Das Gedicht als solches schafft so den Raum für die Begegnung mit dem abwesenden Gott.

In Nelly Sachs' Strophen voller großer Worte und Setzungen entsteht ein emotionaler Kosmos, auf den man sich lesend einlassen muss. Die Sprache ist maßlos, weil das Leiden maßlos ist: Aus diesem Verständnis heraus hat Sachs sich seit den vierziger Jahren zurückgezogen, um in innerer wie äußerer Emigration ihre Verse zu schreiben, in denen Begriffe wie Erde, Sterne, Staub immer wieder vorkommen und ihren ganz eigenen symbolischen Wert haben. Sie stehen als Ganzes für das Ganze und setzen somit die üblichen Regelwerke metaphorischer lyrischer Rede außer Kraft. Das birgt seine eigene Problematik. Hans Magnus Enzensberger – der früh und entschieden für das Werk der von ihm bewunderten Kollegin eintrat – schrieb bereits vor einem halben Jahrhundert, den Sachs-Texten würden seines Erachtens »altertümliche« Attribute anhaften. Und auch wenn er diese positiv als »Größe« und »Geheimnis« bezeichnete, so benannte Enzensberger damit doch auch eine gewisse Scheu, die sich beim Leser der Gedichte von Nelly Sachs leicht einstellt. Wenn man sich also fragt, ob Sachs-Gedichte denn heute noch »zeitgemäß« sind, wird man rasch mit der Tatsache konfrontiert, dass sie eigentlich niemals so empfunden wurden. Sie waren immer ein wenig fremd, ein wenig groß. Wie könnte die Begegnung mit Gott auch anders sein?

Zum »Unzeitgemäßen« gehört paradoxerweise auch, dass sie ebenso Themen behandeln, von denen Nelly Sachs, die spätere Nobelpreisträgerin, nichts geahnt haben kann, als sie den Zyklus *Flucht und Verwandlung*, zu dem »Einer wird den Ball nehmen« gehört, schrieb. Heute wird, wer den Text liest, wohl nicht umhinkommen, darin auch ein Warngedicht zu sehen: In einer Zeit, in der die Spiele mit dem »Ball«, mit dem blauen Planeten, immer undurchsichtiger, raffinierter und riskanter werden, in einer Zeit nach Tschernobyl und Fukushima, hat die Setzung des ersten Bildes eine ungeheure Brisanz. Es ist verstörend und passt in den Kosmos der Nelly Sachs, dass sie nun, in diesem Fall, mit ihrer Dichtung ganz und gar aktuell erscheint. Weil sie ein Universum heraufbeschwört, das trotz allen Schreckens immer bereit zu sein scheint, sich doch für Frieden zu entscheiden, »die leiseste aller Geburten«.

(2011)

Hüterin der Verwandlungen
Über Gertrud Kolmar

Gertrud Kolmar
Verwandlungen

Ich will die Nacht um mich ziehn als ein warmes Tuch
Mit ihrem weißen Stern, mit ihrem grauen Fluch,
Mit ihrem wehenden Zipfel, der die Tagkrähen scheucht,
Mit ihren Nebelfransen, von einsamen Teichen feucht.
Ich hing im Gebälke starr als eine Fledermaus,
Ich lasse mich fallen in Luft und fahre nun aus.
Mann, ich träumte dein Blut, ich beiße dich wund,
Kralle mich in dein Haar und sauge an deinem Mund.
Über den stumpfen Türmen sind Himmelswipfel schwarz.
Aus ihren kahlen Stämmen sickert gläsernes Harz
Zu unsichtbaren Kelchen wie Oportowein.
In meinen braunen Augen bleibt der Widerschein.
Mit meinen goldbraunen Augen will ich fangen gehn,
Fangen den Fisch in Gräben, die zwischen Häusern stehn,
Fangen den Fisch der Meere: und Meer ist ein weiter Platz
Mit zerknickten Masten, versunkenem Silberschatz.
Die schweren Schiffsglocken läuten aus dem Algenwald.
Unter den Schiffsfiguren starrt eine Kindergestalt,
In Händen die Limone und an der Stirn ein Licht.
Zwischen uns fahren die Wasser; ich behalte dich nicht.
Hinter erfrorener Scheibe glühn Lampen bunt und heiß,
Tauchen blanke Löffel in Schalen, buntes Eis;

Ich locke mit roten Früchten, draus meine Lippen
gemacht,
Und bin eine kleine Speise in einem Becher von Nacht.

Der Dichter habe die Aufgabe, »Hüter der Verwandlungen« zu sein, sagte Elias Canetti 1976 in seiner Rede »Der Beruf des Dichters«, und so betrachtet war Gertrud Kolmar, die im Jahr 1917 mit dem Band *Gedichte* debütierte und deren letzter Gedichtband *Die Frau und die Tiere* 1938 von den Nationalsozialisten eingestampft wurde, eine beispielhafte Schriftstellerin. Kaum eine Dichterin verwandelte sich lustvoller, gewagter und gelungener als sie. Für ihr Werk sind Festschreibungen wie »Ich bin der Ostwind«, »Ich bin die Kröte«, »Ich bin der Aal« grundlegend. Gertrud Kolmars lyrisches Ich verkörpert sich als »Fahrende«, »Jüdin«, »Landstreicherin«, »Alternde« oder »Tänzerin«; es fühlt sich in die unterschiedlichsten Rollen, kosmischen Zustände oder Tiere ein, um aus ihnen heraus in prunkvoller, meist gereimter Sprache und in stechend scharfem Ton zu sprechen.

Das Gedicht »Verwandlungen« findet sich unter den »Weiblichen Bildnissen«, es schildert keine bestimmte Verwandlung, sondern zählt auf, was möglich gemacht wird durch »Verwandlungen« an sich. Man kann es auch als Schlüsseltext über Kolmars ureigenes poetologisches Verfahren lesen, da es die Metamorphose von Anfang an als bewusst gesteuertes Manöver und als reizvolle Möglichkeit, die Welt zu erleben, beschreibt. »Ich will die Nacht um mich ziehn als ein warmes Tuch«, beginnt das Gedicht, wobei die Nacht nicht als Kuschelteppich wärmt, sondern »mit ihrem weißen Stern, mit ihrem grauen Fluch« eine geheimnisvolle Mischung aus Hoffnung und Bedrohung darstellt. Das Risiko, das die Verwandlung birgt, wird nicht verschleiert: Diese grundsätzliche Form der Veränderung beinhaltet immer die Möglichkeit des Verlusts, der »graue Fluch« der Nacht lässt die Geburt von Gespenstergestalten zu.

Gleichzeitig ist die Verwandlung ausschlaggebend für neues Wachstum. Diese Doppelgesichtigkeit erscheint in Kolmars Gedicht von der ersten Zeile an durch die gleichmäßig dahinfließenden Paarreime als etwas Naturgegebenes; sie definiert sich als Kreislauf des Lebens und seelische Realität. Bereits in der ersten Zeile der zweiten Strophe zeigt sich das lyrische Ich in neuer Gestalt: jener der Fledermaus – »Ich hing im Gebälke, starr als eine Fledermaus, / Ich lasse mich fallen in Luft und fahre nun aus.« Es folgt die für Kolmar typische, aggressive Liebesbewegung: »Mann, ich träumte dein Blut, ich beiße dich wund«, die alles Kreatürliche und Vampirische, das Liebe auch ausmacht, umfasst. Auf Bilder der Nacht und der Liebe folgen Bilder, die man der Seedichtung zuordnen kann, ein Kind kommt des Weiteren vor; es scheint geradezu, als unternähme Gertrud Kolmar eine *tour de force* durch die für ihre Lyrik charakteristischen Bildbereiche.

Wie der Raum der Nacht ist auch das Meer unerschöpflich, wie die Nacht ist es ein Jagdgrund – einer, in dem statt des »Mannes« nun »Fisch« gefangen werden kann. Es herrschen dort sowohl Gewalt als auch Glück, es gibt »zerknickte Masten« und einen »Silberschatz«. Inmitten der Schiffsfiguren am Meer taucht eine »Kindergestalt« auf, die das lyrische Ich nicht »behalten« kann. Wenig weiß man über das Leben der 1894 in Berlin als Gertrud Käthe Chodziesner geborenen, 1943 in einem Vernichtungslager ermordeten Gertrud Kolmar; die Tatsache, dass sie ein Kind abtreiben musste, gehört dazu. Das Kind erscheint häufig in ihren Gedichten, hier sieht man es mit einer »Limone« in den Händen und einem »Licht« an der Stirn als einen zeichenhaften Körper in einer magischen Welt. Die kleine Gestalt ist hier wie so oft dermaßen präsent, dass aus dem realen Verlust längst eine poetische Bereicherung geworden ist.

Nachdem das lyrische Ich als Fledermaus, Liebende, Fischefängerin und Kindsverliererin aufgetreten ist, verkörpert es zuletzt eine Verführerin: »Ich locke mit roten Früchten, draus meine Lippen gemacht, / Und bin eine kleine Speise in einem Becher von Nacht.« Der Kreislauf von Werden und Vergehen ist wieder eingeläutet. Obwohl die Speise möglicherweise bald verschlungen wird, ist dies ein seltsam tröstliches Bild.

Gertrud Kolmar zeigt in diesem Gedicht, genau wie Canetti in seiner Rede Jahrzehnte später, wie durch und durch positiv sie den Begriff der »Verwandlung« besetzt. Fatal ist es hingegen, wenn die Metamorphose ausbleibt. Als Gegenstück zu »Verwandlungen« ließe sich beispielsweise das Gedicht »Arachne« lesen: In diesem Text bleibt, anders als im Arachne-Mythos, wie Ovid ihn erzählt, die Verwandlung aus. Es kommt keine Göttin vor, die die Weberin durch die Verwandlung in ein Tier erlöst; dieses Ende ist ausweglos, nicht, wie »kleine Speise in einem Becher von Nacht«, ein neuer Anfang, die Andeutung eines Raum der Ganzheitlichkeit und Geborgenheit, in welchem sich die unendliche Aufgabe der Verwandlung immer und immer wieder stellt.

(2009)

Das spezielle Werkzeug
Über Ernst Jünger

In Stahlgewittern, in Zeichenschauern: Ich weiß auch nicht, wie es kam, aber auf einmal verwandelte sich ein eigentlich zahmer Empfang im Literaturhaus Stuttgart in eine Art Lachseminar. Die reine Gaudi und Ernst Jünger – das passte für mich bisher eigentlich nie zusammen.

Es war reiner Zufall gewesen, dass ich an diesem Donnerstagabend nach einigen Terminverwechselungen doch noch rechtzeitig in Stuttgart war, um auf den Abschluss der ersten Akademietage der Baden-Württemberg-Stiftung anzustoßen, für die ich am Literaturarchiv in Marbach einen Schreibkurs unterrichtet hatte. Reiner Zufall war auch, dass ich mit einer für die derzeitige Ernst-Jünger-Ausstellung zuständigen Mitarbeiterin des Archivs ins Gespräch kam.

Man hat ja schon viel gehört und gelesen: Marbach feiert Jünger – und unternimmt das anscheinend doch nicht Unmögliche, auch den größten Jünger-Skeptikern einen spielerischen, zeichnenden, neugierigen und bis in sein Sterbealter, immerhin 102 Jahre, lebendigen Schriftsteller vorzustellen. Zwar fehlt auch der Stahlhelm nicht, in dem er im Ersten Weltkrieg einen Kopfschuss erlitt. (»Fasste hin, ob das Gehirn noch intakt war. Zum Glück ...«) Aber: Der Feldherrendichter, der kriegslüsterne Autor der Massenvernichtung, als den auch die Verfasserin dieser Glosse Jünger zu sehen pflegt, wird zumindest konterkariert. Da gibt es Hefte, die aussehen wie Poesiealben, sind in betörend gleichmäßiger Schreibschrift beschrieben und mit Blättern und Blüten beklebt.

Bliebe noch Jüngers interessante Neigung, tote Käfer aufgespießt in Schubladen zu bewahren, und, ja, auch sie: ironisch gebrochen vom Autor selbst. In einem Klebeheft findet sich etwa der Cartoon einer Riesenameise, die zufrieden die aufgespießten Menschlein vor sich betrachtet.

So bewegte man sich auf dem Empfang höflich zwischen bunten Kanapees, kalabrischer Pizza und den Weingläsern herum, die Stiftungs- und Archivmitarbeiter, die bis eben noch getagt haben, freudig und etwas müde, die Musiker gelassen, die Naturwissenschaftler aufgekratzt, der Maler freundlich, der Schauspieler scheu, die Schriftsteller zögerlich, und eine Bemerkung zu Sammelstücken, Käferkästen, Panzerinsekten löste die nächste ab: Bis jemand in abschließendem Tonfall sagte, diese ganzen pittoresken Exponate, die müssten doch der Traum eines jeden Ausstellungsmachers sein, und die Marbacher Mitarbeiterin, in ihr Glas hineinlächelnd, erwiderte. »Ja. Na ja.«

»Wie, na ja?« Mein journalistischer Instinkt witterte Hintergründe, und siehe da.

Nun, erzählte sie, ein Insektenforscher aus der Gruppe um Jünger, der ihm auch beim Präparieren geholfen habe, hätte sich neulich die Ausstellung angesehen. Ein äußerst aufgeschlossener Mensch, der sehr jung schon mit Jünger zusammengearbeitet hatte.

»Und dieser Mann machte uns auf einige Details aufmerksam.«

Wie bei allen Empfängen in Literaturhäusern und anderswo war es ziemlich laut, und ständig kamen und gingen Leute und man sagte hallo, daher ist es möglich, dass ich nicht alles richtig mitbekam, was uns unter immer größerem Gekichere, einer immer größer werdenden Runde berichtet wurde – war der Mann nun beispielsweise Insektenforscher oder Präparator? –, aber die groben Züge, die stimmen. Ich erfuhr also, dass es natürlich die buntesten, prunkvollsten und gleichzeitig ordentlichsten Schaukästen, etwa mit afrikanischen Käfern, gewesen waren, die sie für die Schau ausgewählt hätten, aber ausgerechnet die, hätte der befreundete Insektenforscher ihnen verraten, die waren nicht von Herrn Jünger selbst gesammelt worden – er hatte sie als Geschenke erhalten. »Ernst Jünger war, wie soll man sagen – sehr ungeduldig.« Seine eigenen Sammelkästen wären eher unordentlich, die Käfer hätten eingeknickte Beinchen und zusammengeklebte Flügel vom raschen Fixieren, und so weiter. Er hätte wohl gerade mal mit dem Afterhaarpinsel ...

»Mit was, bitte?«

Die Augen aller begannen zu leuchten. Der Abend hatte mit einem einzigen Wort, mit dem wir hier und heute und in Zusammenhang mit Ernst Jünger niemals gerechnet hätten, eine fulminante Wendung genommen.

»Ja, Afterhaarpinsel«, wiederholte die Mitarbeiterin. Das wisse sie ebenfalls von dem Insektenforscher. Die einzige Möglichkeit, bei gewissen Käfern das Geschlecht zu bestimmen, wäre es, mit dem Afterhaarpinsel die, nun ja, Afterhaare wegzupinseln und das Geschlechtsteil zu betrachten ...

»Afterhaarpinsel!«, wiederholte man neben mir krähend.

»Genau!«, riefen zwei weitere Mitarbeiterinnen des Archivs, die ansonsten eher still dabeigesessen waren.

»Er hat also nur eben schnell den Afterhaarpinsel gezückt, das Geschlecht bestimmt, den Käfer dann fixiert und ihn kleben lassen, wie er war. Faszinierend!«, fasste jemand mir nicht Bekanntes begeistert zusammen.

»Ja!«, freuten sich die Mitarbeiterinnen des Archivs. »So ungefähr stellen wir uns das vor.«

Auch der bunte Regenschirm, der so attraktiv in die Ausstellung hineinführe und den Jünger hätte benutzen können, um Käfer aus Büschen herauszuklopfen und darin zu sammeln, wäre weit weniger benutzt worden als der dunkle, er wäre nur eben genommen worden, weil er einfach ... heiterer wäre ... Er ziere selbst den Ausstellungskatalog ...

Aber selbstverständlich hat ein Regenschirm als Fetisch und Gesprächsthema nicht dieselbe Durchschlagskraft wie ein Afterhaarpinsel, und so wurde er an diesem Abend – Schicksal der Regenschirme – rasch wieder vergessen. Das Gespräch wandte sich bald anderen Dingen zu, doch ab und zu rief jemand ohne besonderen Zusammenhang »Afterhaarpinsel« in die Runde, und alle lachten schallend los. Zu Hause überlegte ich fieberhaft, ob ich denn irgendein Gedicht über Käfer kannte, mit dem ich den Abschluss einer etwaigen Glosse über den Afterhaarpinsel eine interessante Wendung geben könnte, aber mir fiel nichts ein. Die »Tier«-Ausgabe der Zeitschrift *Das Gedicht* konnte ich nicht finden und war mir auch nicht mehr sicher, ob da wirklich ein Text über Käfer drin gewesen war. Blieb der alte Johann Peter Hebel, aus Karlsruhe stammend wie ich selbst, der im Gedicht »Der Käfer« in 44 Zeilen einen nicht näher spezifizierten Käfer schildert, der sich hier und dort »Blumesaft« (das ist Alemannisch) besorgt und in den jeweiligen Blüten mit Engeln spricht. Von seinem zweiten Blütenbesuch etwa heißt es: »Druf treit er's Mehl ins Nachbers Hus, / wo wieder so en Engel isch.« Übersetzt heißt das: »Dann bringt er das Blumenmehl (gemeint ist natürlich der Nektar zur Bestäubung) ins Nachbarhaus (also die Nachbarpflanze), / und da ist schon wieder so ein Engel.« Als er nach getaner Bestäubung satt zu Hause ankommt, spielt sich ein Dialog ab, wie er zwischen Männern und Frauen aller Arten vorkommen könnte:

Sie: »Wo blibsch so lang?« (= Wo warst du so lange?)

Er seit (= sagt): »Was chani für mi Durst?« (= Was kann ich für meinen Durst?)

Na, und dann – Stahlgewitter. Der Käfermann begleitet sie sogleich nach der Begrüßung »ins Totebett« und verspricht »Chumm bald no«. Er kommt also bald nach. So kurz ist, ohne Krieg, ein Insektenleben. Bleibt die Frage, ob Hebel einen Afterhaarpinsel benutzt hat, zur Recherche. Wir warten auf Aufklärung. Marbach ist gefragt.

(2010)

Gatsbys Nachbarn
Hausordnung für Utopisten

Es sollte endlich Klarheit darüber bestehen, dass es uns nicht zukommt, *Wirklichkeit* zu liefern, sondern Anspielungen auf ein Denkbares zu finden, das nicht dargestellt werden kann«, schrieb Jean-François Lyotard Ende der achtziger Jahre. Diese, die postmoderne Art des Erzählens ist heute überhaupt nicht mehr gefragt. »Gibt es denn gar keine Welt da draußen?«, fragen angeödete Feuilletonisten. Nach »Welthaltigkeit« wird verlangt, nach mehr »Wirklichkeit«, wobei nicht ganz klar ist, was mit dieser Forderung gemeint sein könnte. Formal gesehen ein pralles, Balzac'sches Erzählen? Oder, inhaltlich, Themen wie Arbeitslosigkeit, Kriege, Weltreisen, Eisbären?

Bei der »Wirklichkeit« handele es sich um »etwas höchst Unberechenbares, höchst Unzuverlässiges – bald auf einem staubigen Weg anzutreffen, bald in einem Zeitungsfetzen auf der Straße, bald in einer Narzisse in der Sonne«, schrieb Virginia Woolf. Die Wirklichkeit »beleuchtet eine Gruppe in einem Zimmer und prägt einen beiläufigen Ausspruch. Sie überwältigt einen auf dem Heimweg unter den Sternen und macht die stumme Welt wirklicher als die Welt der Sprache – und dann ist sie wieder da in einem Omnibus im Getöse von Piccadilly.« Auch das ist keine Antwort, aber immerhin die erstaunliche Aussage, die »stumme Welt« sei manchmal wirklicher als die Welt der Sprache, was man von einer dermaßen sprachverliebten Schriftstellerin vielleicht nicht erwartet hätte. Auf welche Art des Erzählens von Wirklichkeit könnte man sich einigen, auf eine, welche der stummen Welt zu ihrem Recht verhilft?

Neulich beobachtete ich in der Straßenbahn ein älteres Paar, das sich lange schweigend gegenübersaß. Dann bewegte sich der Kopf des Mannes ein wenig. Er musste eine dieser wortlosen Fragen in seinen Blick gelegt haben, wie es nur langjährige Vertraute können, denn die Frau sagte daraufhin plötzlich: »Ich denk an etwas. Ich erzähle es dir später.«

Zwei Stationen danach waren sie weg, und ich rätselte immer noch, woran die Frau wohl gedacht hatte. Die Diskretion, deren Zeuge ich wurde, die spezielle Art der Frau, die Spannung zu erhöhen, indem sie ihre Erzählung erst einmal verweigerte, machte die beiden höchst interessant.

Ich sah mir daraufhin die Bücher an, die ich wieder und wieder lese. Sie gehören allen möglichen Epochen und Traditionen an, aber sie haben eine Gemeinsamkeit: Ich finde darin die Wirklichkeit des Geheimnisses. Und wenn hier nach »Gesetzen des Erzählens« gefragt wird, so kann ich keine Hausordnung für Utopisten aufstellen, die Schriftsteller doch sein sollen, sondern nur die sehr persönliche Antwort geben, dass Techniken des Verschweigens für mich die interessantesten Gesetze beziehungsweise Möglichkeiten des Erzählens sind: die Art, so zu schreiben, dass einer oder etwas plötzlich im Zentrum der Vermutungen steht.

Der große Gatsby zum Beispiel schildert Aufstieg und Fall eines Amerikaners, seine brotlose Jugend, die erfolgreichen, wenn auch nicht gerade legalen Bemühungen, zu Geld zu kommen, überlaufene Partys und eine schlecht besuchte Beerdigung. Die Neugier des Lesers, was diese Person angeht, wird von F. Scott Fitzgerald zuletzt durchaus befriedigt. Aber das ist nur scheinbar. Tatsächlich ist da noch die Geschichte des Erzählers, des Nachbarn und Beobachters Gatsbys, der im Buch so diskret behandelt wird, dass kaum je sein Name fällt. Und diese Geschichte bleibt eine Geschichte der Aussparungen. Fitzgerald gelangt auf diese Weise zu einer frappierenden Doppelbödigkeit der Darstellung: Analog wird hier vom Erzählen berichtet, von Perspektive und Fragmentierung. Das wirkliche Geheimnis des Buches liegt nicht in Gatsbys Geheimnis, seiner Vergangenheit, wie der Erzähler uns weismachen will, sondern es liegt in der Person des Erzählers, in der Frage, in welchem Spiegelverhältnis er sich zu dem Besitzer jenes unglaublichen Anwesens neben seinem darstellt. Seine Faszination an Gatsby scheint auf etwas zu verweisen, das spektakulärer ist als die Tragödie um Gatsbys nicht erfüllte Jugendliebe. Da der Ich-Erzähler beharrlich schweigt, steht für Vermutungen ein weiter Raum offen. Und die Art und Weise, wie dieses sozusagen versteckte, zweite Geheimnis des Buches mitspielt und zum Ende hin das erste Geheimnis zum bloßen, lösbaren Rätsel degradiert wird, macht den Roman erst zu einem Meisterwerk.

Ein zweites Beispiel möchte ich geben, das an völlig andere Traditionen des Erzählens anknüpft und das seine Strategie des Verschweigens fast schon programmatisch verfolgt. Es passiert provozierend wenig in den frühen Büchern des Jean-Philippe Toussaint, aber durch die Präzision der Beschreibung, die Phänomenologie der Orte und die fast zwanghaft erscheinenden Handlungen, der absurden, sparsam eingesetzten Dialoge vermutet man unweigerlich innere Dramen. In dem Roman mit dem sprechenden Titel *Der Köder* reist der namenlose Ich-Erzähler in die fiktive Hafenstadt Sasuelo, um ein befreundetes Ehepaar, die Biaggis, zu besuchen. Die Familie ist nicht da, er nimmt sich ein Zimmer in einem nahe gelegenen Hotel und beginnt, die sich anhäufende Post zu kontrollieren. Der Erzähler suggeriert ein Geheimnis um die

Biaggis, und er tut dies so offensichtlich neurotisch und ohne wirkliche »kriminalistische« Anhaltspunkte, dass der Leser seinerseits geradezu manisch zu kontrollieren beginnt, was der Erzähler während dieser seltsamen Ferientage sonst noch tut, weil er ihn eigentlich leidenschaftlich gern für vertrauenswürdig oder zumindest geistig normal halten würde. Toussaints Romane sind Exzesse des detaillierten Beschreibens und gleichzeitig radikal, was die Absage an das Erzählen von »Erzählenswertem« betrifft, sie markieren einmal mehr jenen Punkt des spielerischen Experiments, von dem aus es nicht weitergeht, sondern immer nur originell variiert werden kann, sonst würde es langweilig, formalistisch, vorhersehbar.

Das Paradox des *aufregenden* Erzählens vom Geheimnis ist, das Geheimnis nicht zu verraten, aber die Fäden der Erzählung so zu knüpfen, dass sie als Frage auf ein klares Zentrum verweisen. Es muss vermieden werden, dass etwas bloß verrätselt wirkt, anstatt dass es auf den »Geheimniszustand der Welt« verwiese, von dem einst Novalis sprach, und in dem wir auch Woolfs »stumme Welt« wiederfinden: Vielleicht kann Poesie gar keine Wahrheiten sagen; aber sie kann wahr sein, weil die Wirklichkeit, die mit den Worten folgt, wahr ist. Dies bedeutet, dass ein guter Text mit der Lektüre nicht am Ende ist, er hat gar kein Ende, um wieder Woolf zu zitieren; ein gutes Buch »scheint an den Sinnen eine seltsame Staroperation vorzunehmen; man sieht danach intensiver; die Welt scheint von ihrer Umhüllung befreit und von intensiverem Leben erfüllt zu sein«.

Was ich gerne lesen und in der saisonalen Produktion gerne öfter finden würde, sind gute Bücher, die mit dem Fragmentarischen spielen, mit Herausgeberfiktion und Doppelgängermotiven, sind Aufzeichnungen, Berichte, und es sind Gedichte, deren Geheimnis gleichzeitig ihre Seele ist, so dass wir Leser uns immer als privilegierte, mitleidende, gespannte Nachbarn des Geschehens betrachten dürfen. Nicht Antworten zu verdeutlichen, sondern Existenz und Wesen der Fragen zu klären, ist die Aufgabe der Dichtung.

(2007)

Vom Land leben, den Stern sehen
Über Carl Zuckmayer

Carl Zuckmayer
Ein nie vorher gesehener Stern

Manchmal des Nachts, wenn ich die Öfen schürte,
Sah ich durchs Fenster, nah und weltenfern,
So jäh, als ob mich eine Hand berührte,
Den nie vorher gesehenen Stern.

Er sprang und zuckte grün in kaltem Feuer –
So groß war nie ein Licht, und kein Planet.
Mein Blick war blind davon, und ungeheuer

Erschrak mein Herz, und fand nicht zum Gebet.
Hob dann die Lider ich, war er verschwunden.
War es ein Zeichen? War's ein Ruf des Herrn?
Ich frage nicht. Doch hält mich tief gebunden
Der nie vorher gesehene Stern.

»Das finsterste Jahr«, schrieb Carl Zuckmayer in seiner Autobiografie *Als wär's ein Stück von mir*, »war das Jahr 1944.« Der in Deutschland längst berühmte Dichter war von den Nationalsozialisten verboten worden und, wie viele seiner Kollegen, in die USA emigriert, wo er (dies taten allerdings nicht so viele) im Bundesstaat Vermont eine Farm bewirtschaftete. Doch auch da blieb Zuckmayer kreativ: Damit ihm das Töten von Hühnern leichter fiel, gab er den zum Schlachten vorgesehenen Tieren Namen: »Wir hatten Ribbentrops, mehrere Himmlers, zwei Brüder Goebbels (Paul und Joseph).« Makabrer Humor war seine letzte Zuflucht, Zuckmayer lebte »in Furcht und Trauer«. Deutschland war »schuldig geworden vor der Welt«, Freunde und Kollegen starben, vom gescheiterten Aufstand der deutschen Offiziere am 20. Juli erfuhr er aus dem Radio.

Das Gedicht »Ein nie vorher gesehener Stern« entstand 1944; es ist nur dreimal vier kreuzgereimte Zeilen lang und von eindrücklicher Schlichtheit. Zuckmayer schildert darin, wie so oft, ein Naturerlebnis. Das lyrische Ich schürt nachts die Öfen und sieht ebendiesen, dem Text seinen Titel gebenden »nie vorher gesehenen Stern« durch das Fenster.

Seit seiner Jugend war Zuckmayer Karl-May-Fan gewesen; später sollte er seine Tochter Winnetou nennen. Nach seiner Flucht in die USA wurde er dort erst heimisch, als er auf der Farm das Indianerland seiner Jugend wiedergefunden hatte. Er lebte nicht »auf dem Land«, sondern »vom Land«. Um den strengen Winterverhältnissen zu begegnen, entwickelte er Techniken, die ihm dabei halfen, sich vor allem in eiskalten Nächten geborgen zu fühlen. So machte er einen regelrechten Kult um das Heizen des Hauses. Für das Feuermachen in offenen Kaminen schichtete er meterlange, gespaltene Birkenhölzer in einer bestimmten Architektur auf, um dann dem solchermaßen »gebauten« Feuer befriedigt zuzusehen. Seine Frau nannte ihn einen »Pyromantiker«.

Beim Lesen des Gedichts stellt man sich eine verfrorene Stunde vor, »des Nachts«, wenn der Dichter »die Ofen schürte«. Die Launen der Natur, denen Zuckmayer ausgesetzt war, spiegeln sich im Vokabular der Extreme wider, das Himmelslicht ist »nah und weltenfern«, und er schreibt auftrumpfend: »So groß war nie ein Licht, und kein Planet.«

Seltsamerweise aber beginnt das Gedicht, das doch darauf abzielt, ein anscheinend einzigartiges Erlebnis heraufzubeschwören, mit dem Wort »manchmal«. Die erste Zeile lautet vollständig: »Manchmal des Nachts, wenn ich die Öfen schürte«. Das Adverb überliest man leicht, um dann, wenn das drei Akte lange Spektakel des Gedichts vorbei ist, noch einmal darauf zurückzukommen. Es hat etwas Tröstliches, dieses »Manchmal«, es bedeutet Wiederholung, die zweite oder dritte Chance, es ruft eine Regelmäßigkeit auf, wie sie für Naturereignisse charakteristisch ist.

»So jäh, als ob mich eine Hand berührte« spürt das lyrische Ich die entfernte Anwesenheit des »Sterns«. Das klingt nach einem religiösen Erweckungserlebnis: So intensiv beschreibt der Autor das Auftauchen und Verschwinden des Himmelslichts, dass diese Sichtung in der Konsequenz gar nicht bedeutungslos sein *kann*. Der tiefgläubige Zuckmayer ist bewegt, als sähe er ein märchenhaftes Theaterstück: ein Schauspiel aus seinem Inneren, im Himmel gezeigt. Fragen schließen sich an. Sie könnten lauten: Wer lenkt die Natur? Wer lässt den Krieg zu? Zuckmayer versuchte sich in der schweren Zeit der Verluste zu trösten, sagt sich in dieser Zeit in seiner Autobiografie, dass »nur aus der Erkenntnis des Todes uns das Lebensbild erwächst«. Der Schriftsteller, zu dessen Grunderfahrungen die des Ersten Weltkriegs gehörte, den er voller Hoffnung, mit einer Vision einer humaneren Welt, hinter sich ließ, zeigt sich aufgewühlt.

Aus »Ein nie vorher gesehener Stern« hätte leicht ein religiöser Text werden können. Doch als ob Zuckmayer befürchtet hätte, sein kleines Kunstwerk würde allzu schlicht der Vereinnahmung als christliche Gebrauchslyrik anheimfallen, wehrte er sich gegen diese eindeutige Interpretation. »Manchmal« heißt eben nicht »immer«. Das Ewige, Göttliche fest in den Kreis der Natur zu heben, so Menschenwelt und Gott ineinanderzudenken, wie das einer ungebrochenen Romantik naheläge, verhindert die Zeit des nationalsozialistischen Regimes, das die Sprache pseudosakral vergötzte und brennenden Öfen für immer die Unschuld der Heimeligkeit nahm. Wenn also Zuckmayer die letzten Fragen stellt, dann nur, um ihnen in einem offenen Manöver auszuweichen. In der letzten Strophe heißt es: »War es ein Zeichen? War's ein Ruf des Herrn?« / Ich frage nicht.« Zweifel und Wunsch halten sich die Waage, Skepsis und Hoffnung. Es war der letzte Kriegswinter; im nächsten Frühjahr hörte Zuckmayer von der Kapitulation Nazideutschlands.

»Mein Blick ward blind davon, und ungeheuer / Erschrak mein Herz und fand nicht zum Gebet«: Im Jahr 1946 konnte er in seine Heimat zurückkehren. Er hatte nicht gebetet – aber sein Gebet wurde erhört.

(2009)

Schätze in grüner üppiger Schönheit
Über Friederike Mayröcker

Friederike Mayröcker
was brauchst du
für Heinz Lunzer

was brauchst du? einen Baum ein Haus zu
ermessen wie groß wie klein das Leben als Mensch
wie groß wie klein wenn du aufblickst zur Krone
dich verlierst in grüner üppiger Schönheit
wie groß wie klein bedenkst du wie kurz
dein Leben vergleichst du es mit dem Leben der Bäume
du brauchst einen Baum du brauchst ein Haus
keines für dich allein nur einen Winkel ein Dach
zu sitzen zu denken zu schlafen zu träumen
zu schreiben zu schweigen zu sehen den Freund
die Gestirne das Gras die Blume den Himmel

Das Gedicht wirkt so einfach, es könnte fast von einem Kind gesprochen sein. Es prägt sich ein, hat keine aufgeregte Vortragsweise nötig; es ist weise. Man kennt zahlreiche Gedichte zum Thema »Inventur« in der neueren deutschen Literaturgeschichte, Günter Eichs gleichnamiges ist das berühmteste. Dieser Text von Friederike Mayröcker ist das Gegenteil einer solchen Inventur: Er fragt nicht: »Was hast du?«, er wirft keinen Blick auf etwaige Gegenstände des Besitzes, sondern will wissen: »Was brauchst du?«

Die Antwort wird sofort gegeben und ist grundlegend: einen Baum, ein Haus. Nicht an dem wenigen, das man hat, wird der Mangel deutlich, sondern an dem wenigen, was als vernünftige Antwort auf diese Frage taugt, wird klar, wie kostbar so ein Menschenleben ist. Beides, ein Baum, ein Haus, sind Selbstverständlichkeiten, aber nur auf den ersten Blick, weil mit ihnen Fragen der Zeitlichkeit sofort als unsichtbares Drittes im Raum stehen: Sowohl ein Baum als auch ein Haus überleben eine Person in der Regel, außer Krieg, Klimawechsel oder andere Katastrophen ereignen sich, und sie ereignen sich fortlaufend.

Dankbarkeit für das, was man hat, wäre eine der möglichen Reaktionen, die dieser Text in seiner fast gebetsartigen Intensität im Leser hervorrufen könnte, Versöhnungsbereitschaft mit dem Dasein an sich durch die Einsicht, ein bevorzugtes Leben zu führen. »Hier sitz ich, forme Menschen / Nach meinem Bilde, / Ein Geschlecht, das mir gleich sei: / Zu leiden, zu weinen, / Zu genießen und zu freuen sich«, heißt es in der letzten Strophe von Goethes »Prometheus«-Gedicht. »einen Winkel ein Dach« will Friederike Mayröcker, »zu sitzen zu denken zu schlafen zu träumen«, das ist vergleichsweise passiv und sehr bescheiden, ein Aufruf nicht zum Tätigwerden, sondern zum Innehalten und Betrachten der Dinge.

Das Gedicht ruft wieder eine Ahnung dessen hervor, welche Schätze diese vollgestopfte Welt zur Bergung bietet: Wir dürfen etwas brauchen, weil wir leben dürfen. Und was wir brauchen – dies ist ja die indirekte Botschaft des Gedichts, und hier wird der Anspruch auf einmal ganz maßlos –, das könnte auch in den Worten stecken; es könnte sich auf der poetischen Landkarte der Friederike Mayröcker finden lassen, in ihrem glitzernden Textuniversum.

Über tausend Gedichte aus den Jahren 1939 bis 2003 umfasst der Band *Gesammelte Gedichte*. Wo andere in ihrem lyrischen Werk nah am Verstummen arbeiten, wie etwa Ingeborg Bachmann, da entsteht in Friederike Mayröckers mit Papieren vollgestopften Wiener Schreibstube so etwas wie ein fortlaufender Text. Phasenweise sind ihre Arbeiten bis auf die Uhrzeit genau datiert; wir erfahren von Begegnungen mit Freunden, dem Tod der Mutter, dem unerträglichen Verlust des Geliebten und Kollegen Ernst Jandl, vom Arztbesuch. Ein Lebensarten-Projekt? Sicher ist, diese Dichterin operiert fortwährend dicht am eigenen Herzen; sie versucht nicht vorzutäuschen, das Ich ihrer Texte sei nicht das der Autorin, es entsprächen Gefühle und Erfahrungen nicht auf schmerzhafte Weise den eigenen Empfindungen.

»was brauchst du« ist da ein untypischer Text. Er ist eher persönlich als privat, seinen optischen Eindruck prägen nicht ihre geliebten Wortneuschöpfungen, da sind keine Ziffern, Satzzeichen, Schrägstriche, Klammern, Bindestriche, es gibt überhaupt keinen Hinweis auf die experimentellen Wurzeln der Dichterin, die, 1924 geboren, in der Nachkriegszeit zu den herausragenden Persönlichkeiten der schreibenden Avantgarde gerechnet wurde. Hier gibt es nur ein einziges Satzzeichen: das Fragezeichen. Und wenn man Frau Mayröcker in letzter Zeit diese Zeilen vortragen hörte, ergab sich eine merkwürdige Dopplung: Man sah sie, mit rabenschwarzem Pagenkopf und blassem Gesicht, über ihr Buch gebeugt sitzen und vorlesen, den Rücken rund: Als ein schönes, auratisches, hartnäckiges Fragezeichen schien sie soeben aus ihrem eigenen Text gesprungen.

Auf die Frage, wie ein Gedicht entstehe, sich »verfestige«, sagte sie einmal in einem Interview: »Ich lebe in Bildern, ich sehe alles in Bildern, meine ganze Vergangenheit, Erinnerungen sind Bilder. Ich mache die Bilder zu Sprache, indem ich ganz hineinsteige in das Bild. Ich steige so lange hinein, bis es

Sprache wird.« Was ist das? Der Glaube an die Gnade des Wortes? Das Gedicht ist der Ort, von dem aus sich diese Frage stellen lässt. Das Gedicht »was brauchst du« ist den Lesern ein Zuhause.

(2007)

Dichten gegen die Zeit
Über Elisabeth Borchers

Elisabeth Borchers' eigenwillige, unverwechselbar schöne und immer wieder irritierende Gedichte sind aus der deutschen Literaturlandschaft längst nicht mehr wegzudenken. Über Jahrzehnte hinweg ist die 1926 in Homberg am Niederrhein geborene Schriftstellerin ein fester Teil des Literaturbetriebs gewesen; lange Zeit war sie neben der eigenen lyrischen Arbeit als Suhrkamp-Lektorin zuständig für zahlreiche wichtige Autoren der zweiten Hälfte des 20. Jahrhunderts – wie etwa die Nobelpreisträgerin Nelly Sachs. Bis zu ihrem Tod am 25. September 2013 im Alter von 87 Jahren dichtete sie, schrieb Kinderbücher, Hörspiele und Texte für Funk und Fernsehen.

Eine ihrer letzten öffentlichen Lesungen hatte Elisabeth Borchers 2008 im Literaturhaus Frankfurt vor großem Publikum, als sie den Lyrikband *Zeit. Zeit* vorstellte. »Ich muß endlich begreifen / daß ich Zeit habe«, beginnt das Titelgedicht, und ironisch, leuchtend und weise wird darin aufgezählt, für was alles Zeit im Habenmodus vorhanden ist – nämlich für die sogenannten kleinen Dinge des Lebens. Es ist ein verknappter, klarer und auf trügerische Weise verständlich scheinender Sprachgestus, der hier gepflegt wird; die Mehrdeutigkeit vieler Aussagen erschließt sich erst auf den zweiten Blick.

Elisabeth Borchers
Zeit. Zeit

Ich muß endlich begreifen
daß ich Zeit habe.
Zeit für den Vogel auf der Brüstung
der mit mir redet, im Auftrag.
Zeit für den Lampenfuß
in dem sich das Erdenlicht spiegelt.
Zeit für die Katze auf blauem Samt
in kleinstem Format an der Wand
von Almut gemalt, als beide noch lebten.
Auch für das Schaf mit den schwarzen Ohren
den schielenden Augen, dem schiefen Maul und dem
durstigen Mund. Indianisch, ganz einfach, instruktiv.
Vermissen werde ich's im kommenden Jahrhundert.
Ich habe noch nicht ein stillschweigendes Wort
mit der getrockneten Rose gewechselt, woher und wohin
                                                            denn.
Und das Kalenderbuch in schwarzem Leder
mit der goldenen Jahreszahl
klafft elegant auseinander, um mich ein- und auszulassen.
Lernen, Zeit zu haben.
Lernen, daß es zu spät ist.

Ein merkwürdiger erster Satz, in dem das Ich sich dazu ermahnen muss, etwas zu besitzen, das doch landläufig mit Glück und Entspannung gleichgesetzt wird: »Zeit haben« – das gilt gemeinhin als etwas Positives. Was kommt dann? Wofür Zeit zu haben soll das Ich erinnert sein? Nur auf den ersten Blick sind es Belanglosigkeiten: »Zeit für den Vogel auf der Brüstung«, »Zeit für den Lampenfuß«, denn das Tier setzte sich »im Auftrag« auf das Geländer, und der Lampenfuß ist einer, »auf dem sich das Erdenlicht spiegelt«.

Es will hier weder im »Auftrag« noch im »Erdenlicht« rechter Trost liegen, zu sehr im Unklaren bleibt die größere Ordnung der Dinge, auf die hingewiesen wird; sie bleibt so rätselhaft und zufällig wie die Aufzählung der die knappe Zeit des Ich würdigen Dinge, in der Alltagsgegenstände und kleine Tiere wie Katzen ihren besonderen Platz haben, allerdings ohne jede Niedlichkeit und Schnurrerei: Es gibt zwar die »Katze auf blauem Samt«, aber erstens ist sie gemalt und zweitens überlagert von der Erinnerung, dass sowohl die porträtierte Originalkatze gestorben ist als auch Almut, die Malerin. Das gesamte Gedicht setzt sich aus solchen gänzlich doppeldeutigen Bildern zusammen, die nie vergessen lassen, dass, »wo immer sie auftritt, mit kleinen oder großen Gesten«, die »Vergänglichkeit der nicht zu tilgende Makel« ist, wie Elisabeth Borchers es 2003 in ihren Frankfurter Poetikvorlesungen formulierte.

Eine Kapitulation also? Wenn ja, ist es eine nach einem Kampf, der alle Beachtung wert ist. Das Gedicht ist bestürzend ehrlich in dem Sinn, dass es die Sinnlosigkeit nicht verleugnet. Es enthält das Wissen, dass Gedichte auch nichts weiter sind als Anordnungen, mit denen wir uns gegen die Nichtigkeit wehren. Gleichzeitig zeigt es – durch seine pure Existenz –, wie fundamental das Bedürfnis nach solch einem Kunstwerk ist. Der Augenblick lässt sich nicht festhalten; das ist die triviale Wahrheit. Aber das Gedicht kann der geglückte Versuch sein, anstelle des nicht festzuhaltenden Augenblicks einen künstlichen Augenblick zu setzen. Dadurch, dass das Gedicht Dinge, Personen, Namen, Tiere dem rasend schnellen Fluss der Zeit, dem Fluss des zufällig Erlebten, Gesehenen entreißt und miteinander kombiniert, gelingt es ihm, die Beleidigung, die das Zufällige des Zeitlichen beinhaltet, zu überwinden und etwas Bleibendes zu erschaffen. Eine Verbindung zwischen zwei vorbeifließenden Erfahrungen wird sichtbar – der Vogel und der Lampenfuß, Almut und die Katze existieren in diesem Zusammenhang neu und so, als könnten die Naturgesetze ihnen nichts mehr anhaben. Als könnten sie niemals vergessen werden.

Sieht man das Gedicht und den Augenblick auf diese Weise als Verbündete gegen die Zeit und das Dichten als eine gegen die Zeiterfahrung gerichtete Maßnahme, so erscheint es auch weiter gar nicht erstaunlich, dass Elisabeth Borchers an ihrem achtzigsten Geburtstag im Interview sagte, die Abende seien in ihrem Tagesablauf nach wie vor dem Schreiben gewidmet, denn das Schreiben müsse »forciert werden«: Kampfeslustig muss man sein, in diesem Beruf. Und es wird auch verständlich, weshalb Elisabeth Borchers, die in ihrer im Elsass verbrachten Kriegskindheit traumatische Erfahrungen mit dem Verschwinden und Vergessen gemacht hat, immerzu eine Vorliebe für den Kinderreim, das Kinderlied beibehielt. Denn Kinder kennen keine Zeit, wie wir sie kennen, kein »Kalenderbuch in schwarzem Leder«, nicht die »goldene Jahreszahl«, nicht unsere Maßeinheiten und Stundenpläne, die uns vorgaukeln, zumindest so etwas Ähnliches wie Kontrolle zu haben. Sie kennen die Gegenwart als düstere Bedrohung. Elisabeth Borchers schilderte das eindrücklich in »eia wasser regnet schlaf«, ihrem 1960 in der *Frankfurter Allgemeinen Zeitung* erschienenen lyrischen Debüt, einem im assoziativen, einlullenden Ton scheinbarer Kindersprache gehaltenen Gedicht. Wegen seiner sprachlichen Radikalität wurde es damals aufgeregt diskutiert; heute liest es sich nicht weniger verstörend, ist aber inzwischen Kanon geworden.

In den Poetikvorlesungen in ihrer Heimatstadt Frankfurt berichtete sie übrigens auch von einem prägenden Gespräch mit ihrem Großvater: Die Uhr sei die Trägerin der Zeit, habe der Großvater ihr gesagt, und wenn die Uhr die Zeit nicht weiter trage, so bleibe die Welt stehen. Die Uhr »erzähle« nicht nur die Stunden, sondern auch »die Wolken und Sterne über dem Haus, die Dächer der Stadt, die Knöpfe an Großmutters schwarzem langem Rock, die Federn der Vögel im Garten und das Brennen der Schmerzen im Bein«; sie sei eine große Rechnerin, nur eines verstehe sie nicht: die Ewigkeit auszurechnen, obwohl diese ihn ganz besonders interessiere. Die Ewigkeit sei schließlich »der Ort, an dem wir uns alle wiedersehen werden«. Dies habe sie als Kind zutiefst verstört: »Ob denn die Ferien schon vorbei seien, fragte ich erschrocken. Und die Uhr setzte zum Schlag an.«

Die Welt war nicht stehengeblieben; es war nur Zeit verstrichen. Ferienzeit.

(2009)

Das sag ich nicht mehr
Über Ingeborg Bachmann

Ingeborg Bachmann
Alkohol

Trinken, was trinken,
ich trinke, trinke den Staub auf den Flimmer auf
ich trinke in mich hinein soviel Schilling
ich trinke meine Arbeit in mich hinein trinke
heraus, ich kann nur mehr trinken
mich aus allem heraus trinken, das säuft
den Geschmack weg aus allem, aus Staub aus
ich sags nicht weil keiner es sagt
warum es trinkt, sich zu Tod säuft,
ich bins ja ja nicht, es säuft sich
an ich sag nicht, weil keiner sagt
man soll mich nicht aufrütteln
mich zwingen zu sagen, es weiß ja jeder
warum es säuft, sich besäuft, sich
sich betäubt, es betäubt sich
Und was Liebe und Krätzen und Fortschritt
es weiß ja jeder und wer nicht säuft, weiß
auch, es weiß ja jeder, das sag ich nicht mehr,
weiß weiß weiß weiß weiß weiß
weiß weiß weiß
weiß
mehr sag ich nicht
als das jeder weiß

»Die Poesie«, hat der Dichter Paul Celan gesagt, »die Poesie zwingt sich nicht auf, sie setzt sich aus.« Das Gedicht »Alkohol« von Ingeborg Bachmann hat sich über lange Jahre *nicht* ausgesetzt, und zwar aus einem einfachen Grund: Die Autorin, die 1973 in Rom starb, hat es nie veröffentlicht. Dies unternahmen im Jahr 2000 die Geschwister Isolde und Heinz, indem sie im Band *Ich weiß keine bessere Welt* die Gedichte aus dem Nachlass ihrer Schwester herausgaben.

Im Vorwort des Buches wird vor allem auf die Andersartigkeit dieser Gedichte gegenüber den früheren hingewiesen: »Die schönen Worte haben dem Entsetzen Platz gemacht«, heißt es da. Die Texte beschrieben das »Leiden der Kreatur«, sie zeugten davon, dass der Mensch »verletzt, verkauft, verraten« sei »in einer Welt, in der die Lieblosigkeit umgeht«. Von Schmerz und Todesnähe ist die Rede, nicht mehr vom Können der Lyrikerin, deren Ruhm in den fünfziger Jahren die schönheitstrunkenen Gedichte in den beiden schmalen Bänden *Die gestundete Zeit* und *Anrufung des großen Bären* begründeten. Diese Aussagen beziehen sich vor allem auf die immer unglücklicher werdenden Lebensumstände der Dichterin: Sie hat die Trennung von ihrem Geliebten und Kollegen Max Frisch nur schwer verarbeitet, und es half ihr dabei nicht, dass er eine andere heiratete, als auch die gemeinsame Zeit im Roman *Montauk* (in dem sie namentlich als Ingeborg Bachmann genannt wird) verarbeitete. Von anderen Freunden fühlt sie sich ebenfalls alleingelassen, ist zunehmend auf Medikamente angewiesen, um mit ihren Stimmungstiefs und ihrer Trauer zurechtzukommen.

Das vorsichtige Vorwort legt die biografische Deutung nahe, und tatsächlich hat, wer *Ich weiß keine andere Welt* liest, zunehmend den Eindruck, einen beklemmenden Blick in die Werkstatt zu tun – eine Werkstatt, die mehr oder minder eine private Hexenküche geworden ist, eine, in der Hexe und Inquisition in einer Person mit sich ringen. Ingeborg Bachmanns Anhänger finden in den Texten Gründe, sie weiterhin als tragische Figur zu verehren, beladen mit allen Klischees, die man von Autoren, die am Leben scheitern, kennt.

Trotzdem wäre es verkürzt, zu behaupten, die Gedichte wiesen auf nichts als auf den körperlich und seelisch schlechten Zustand der Autorin hin. Zahlreiche einprägsame Zeilen – in denen sich der »hohe Ton« eben doch wieder findet, siehe nur den Titel des Bandes – und zahlreiche gelungene Stücke rechtfertigen die Publikation alleine schon aus ästhetischen Gründen. Die großen Themen der Nachlassgedichte sind existenziell: Krankheit und Sprachverlust. In »Alkohol« werden beide auf die eindringlichste, formal schlüssigste Weise zusammengeführt. Das Gedicht arbeitet mit Wiederholungen, einem Stilmittel, das die Bachmann in den veröffentlichten Bänden nie derart intensiv genutzt hat. »Trinken, was trinken« beginnt es, man erfährt, dass das lyrische Ich »den Staub und den Flimmer« »auf«trinkt, also alles mikroskopisch Kleine, ob nun negativ oder positiv besetzt, in der einen, großen Bewegung des Trinkens verschwindet. Das hat seinen Preis: »so viel Schilling« verschwinden einerseits, aber vor allem verschwindet »die Arbeit«: Das Ich trinkt die »Arbeit in sich hinein«, es »kann nur mehr trinken«. Immer wieder dieses eine Wort: trinken. Durch die vielfache Verwendung und das variierte Auftauchen hat das Gedicht von Anfang an einen verzweifelten Rhythmus, es gleicht einer Schreckensmelodie.

Dann kommt der Punkt, an dem das Ich die Kontrolle und auch die Verantwortung für sein Tun abgibt: »ich bins ja nicht«, heißt es, »es säuft sich / an«, »es betäubt sich«. Das Ich hat sich aufgegeben, beschuldigt die Gesellschaft, spricht nur noch unspezifisch von »jeder« oder »keiner«, bescheinigt geradezu wahnhaft »allen«, »sie wüssten«, behauptet, aus diesem Grund mache es keinen Unterschied mehr, ob man trinke oder nicht. Der Leser kann das bodenlos Erschreckende dieser Aussage spüren: Wenn Nuancen nicht mehr wahrnehmbar sind, wie kann dann überhaupt noch geschrieben werden?

In einer Bewegung unendlicher Kraft aktiviert die Autorin daraufhin erneut das lyrische Ich; sie lässt es sprechen, um sich zu verweigern: »das sag ich nicht mehr«. Dann kommt die Pointe des Gedichts, verzweifelt-genialisch: Ganze drei Zeilen bestreitet allein das Wort »weiß«, erst in sechsfacher Wiederholung, dann dreimal, dann einmal. Hier fallen Form und Inhalt des Gedichts zusammen: Das Wort »weiß« verschwindet vom Papier, wird immer weniger, bis konsequenterweise in der Zeile darauf nichts als das Weiß, das Papierweiß noch da stünde. Präziser kann der Verlust nicht gezeigt werden.

Aber das Gedicht endet nicht in Leere, sondern in einem Aufschrei: »mehr sag ich nicht / als das jeder weiß«, ruft die Autorin. »Das« steht da, nicht »dass«: ein Schreibfehler? Wieder der Hinweis darauf, dass der Text nicht von der Autorin für die Veröffentlichung durchgesehen wurde? Krümelarbeit für Germanisten? Das Gedicht jedenfalls weiß sehr, sehr viel zu sagen – über das Verstummen.

(2008)

Lass mich alles wissen, was mitteilbar ist
Die Briefwechsel
Bishop – Lowell und Celan – Bachmann

»Lieber Mr. Lowell«, schrieb Elizabeth Bishop im Mai 1947 an ihren Dichterkollegen Robert Lowell, »ich wollte Ihnen nur sagen, wie sehr es mich freut, dass Sie diese Preise bekommen haben – am besten nenne ich sie einfach Preis 1, 2, 3 und 4.« Der solchermaßen Gelobte bedankt sich zehn Tage später in einem kurzen Brief, indem er ebenfalls Respekt bekundet: »Sie sind eine großartige Schriftstellerin [...] Und ihre Glückwünsche waren die einzigen, die mir etwas bedeuteten.«

Die beiden Dichter waren einander einige Monate zuvor bei einer Dinnerparty ihres Kollegen Randall Jarrell in New York vorgestellt worden, und sie hatten sich sogleich außerordentlich gut verstanden. Elizabeth Bishop erinnerte sich noch lange danach an das Treffen: »Es war das erste Mal, dass ich überhaupt mit jemandem darüber sprach, wie man Gedichte schreibt«; zu ihrer Freude wäre es überraschend einfach gewesen, »wie Kuchenrezepte austauschen«. Zu diesem Zeitpunkt war Bishop 36 Jahre alt, Lowell war gerade dreißig geworden. Es war nicht vorherzusehen gewesen, dass die schüchterne Bishop und der bereits bekannte Lowell, der sich gerne als Salonlöwe gebärdete, sich so blendend verstehen würden, und auch nicht, dass eine dermaßen lange, intensive Freundschaft daraus würde. Heute stellt sich ebendiese als Glück für die Leser dar: Über dreißig Jahre lang korrespondierten die beiden; der Briefwechsel umfasst mehr als 900 Seiten, eine Fundgrube für jeden, der sich für Dichtung interessiert.

Als der dicke Band im September 2010 in den USA erschien und alle über ihn sprachen, war ich zu Besuch am Bard College in Annandale-on-Hudson, Upstate New York, und der Leiter der dortigen Bibliothek verschickte stolz eine Rundmail: »Dear All«, schrieb Jeff Katz und wies auf jene Lyriktagung am Bard College hin, an der die beiden Dichter »auf die Woche genau« vor sechzig Jahren teilgenommen hätten und auf die manche Briefe Bezug nähmen. Es folgte eine kurze Beschreibung der Tagung – ein Mitglied der Bard-Fakultät moderierte damals, und, genau, Bard-Dichter, die später international nicht ganz so durchstarteten, waren auch da, auf dem Podium saßen außer Bishop und Lowell unter anderen auch Kenneth Rexroth und Richard Wilbur. Ich stellte mir vor, wie Lowell und Bishop, die grünen Wege des Campusgeländes entlangspaziert waren, vorbei an der Kapelle mit dem hübschen Namen *Holy Innocent,* und dass sie für ihre Versammlung wohl jenes dahinterliegende kleine Veranstaltungsgebäude benutzten, in dem heute die in Bard lehrenden Poeten Ann Lauterbach und Robert Kelly sowie, gelegentlich, auch noch der inzwischen emeritierte John Ashberry aus ihren Werken vortragen.

In Deutschland war kurz zuvor ein anderer lang erwarteter Dichter-Briefwechsel erschienen: jener von Ingeborg Bachmann und Paul Celan, die sich ein Jahr später als Bishop und Lowell kennenlernten und im Unterschied zu den Amerikanern zeitweise ein Liebespaar gewesen waren – und sehr, sehr verletzlich dadurch in ihrem Verhältnis zueinander: »Lass mich alles wissen, was mitteilbar ist, und darüber hinaus vielleicht manchmal eines von den leiseren Worten, die sich einfinden, wenn man allein ist und nur in der Ferne sprechen kann. Ich tue dann dasselbe«, schrieb Celan am 30. Oktober 1951 aus Paris. Im deutschsprachigen Briefwechsel wurde immer wieder hingewiesen auf Ungesagtes und Unsagbares, es wurde die schriftliche Mitteilung grundsätzlich angezweifelt, oft drängte Ingeborg Bachmann darauf, dass man telefonieren oder sich treffen möge, irgendwo in Europa, wo man gerade lebte.

Lowell und Bishop dagegen wählten von Anfang an eine andere Strategie: sich nämlich so gut wie nie zu treffen – nach oft und unter beidseitigem, wortreichem Bedauern verschobenen, versäumten, in letzter Minute geplatzten Verabredungen –; Bishop hatte außerdem eine Telefonphobie. Auf diese Weise musste alles in den Brief: Man liest selbstkritische Kommentare zum Stand der Arbeit, wie viele Zeilen (Lowell) oder wie wenig (Bishop) gerade fertig geworden waren; die Freunde gaben sich Lektüretipps (beide waren nachhaltig begeistert sowohl von Persönlichkeit als auch Texten der kleinen, zarten *grande dame* Marianne Moore), klatschten über Kollegen und Mitstipendiaten, wenn eine/einer wieder in einer *writers' colony* gelandet war. Betrachtet man die vielen Auslassungen dort und die Materialfülle hier, so hätte man der Bachmann gerne das Telefon abgestellt oder Zugtickets verweigert, damit sie der Nachwelt länger und ausführlicher schilderte, was wir dann hätten lesen können. Aber natürlich wäre das verlorene Liebesmühe gewesen, es hätte gar nichts geändert; sie hätten weiterhin ausschließlich »große« Dinge verhandelt. Es stellt sich beim Lesen der Eindruck ein, dass es für Lowell und Bishop spielerisch leicht gewesen war, ein witzig-vertrautes Gespräch zu führen – »Bitte hör nie auf, mir Briefe zu schreiben«, so Bishop an Lowell, »sie bewirken immer, dass ich mich für Tage wie mein höheres Selbst fühle« –, wohingegen sich bei Bachmann und Celan schon früh die unüberwindlichen trennenden Hindernisse, die Liebe, die Literaturkritik, Celans Judentum zwischen den beiden auftürmten: ein Briefwechsel des Verständnisses auf der einen Seite, des tragischen Missverstehens auf der anderen.

Auch in Lowells und Bishops Briefgespräch werden ernstere Töne angeschlagen, der Selbstmord Randall Jarrells knapp zwei Jahrzehnte nach ihrer ersten Begegnung bei ihm – war es überhaupt einer? – oder wenn es um die Arbeit geht, wenn Gedichte mitgeschickt wurden, die ausführliche und emphatische Kritik nach sich zogen. Es ist kein Geheimnis, dass diese Briefe ebenso der Mitteilung dienten wie dazu, den Schreibenden selbst aufzuheitern – Lowell war manisch depressiv, Bishop kämpfte gegen Alkoholsucht, beide ärgerten sich oft über den Literaturbetrieb. Aber mit Witz und trockenem Humor, der lebenszugewandten Art, die Dinge im Detail zu sehen, sie auseinanderzunehmen und neu wieder zusammenzusetzen, retten sie den Alltag, sobald er trist zu werden droht, in großen Slapstick. Vor allem Elizabeth Bishop pflegt ihre Briefe mitten aus dem Leben zu schreiben und lässt das Leben im Wortsinn in sie eindringen: Sie entschuldigt sich für Marmeladeflecken auf dem Papier oder muss kurz unterbrechen, um ein Kalb zu entbinden (sie befindet sich bei ihrer Freundin in Südamerika). Als Lowell gerade noch einen Wohnungsbrand durch einen, wie er findet, schlecht designten und daher prompt zur Feuerstelle werdenden Aschenbecher verhindern kann (so schreibt er), schickt Bishop ihm einen sichereren, wenn auch »nicht gerade ästhetischen« Aschenbecher. Hier merkt man ganz besonders, wie Briefe die zeitliche Paradoxie beinhalten, Präsenz der Person bei gleichzeitiger Abwesenheit zu erzeugen: Da sind Briefe wie Gedichte.

Vom Treffen am Bard College wird über lange Zeit nichts

gesagt. Wozu auch, man hat sich ja getroffen. Dann aber, in einem Brief vom Sommer 1957, erklärt Lowell Bishop, es habe durchaus Momente ihrer Freundschaft gegeben, an denen er nahe daran war, der Freundin die Heirat vorzuschlagen: »Ich hatte geglaubt, es wäre nur eine Frage der Zeit, bis ich dich um die Verlobung bitten würde, und ich habe halb geglaubt, du würdest ›Ja‹ sagen […] und dann war da dieses Poetentreffen in Bard, und […].«

Also, zum Glück ist da nichts passiert, alles blieb ungesagt. Lowell wankte nur sehr betrunken in den Schlafsaal der Dichter und hielt noch eine Weile die Hand »seiner Elizabeth«. Danach blieben sie räumlich weit entfernt voneinander, zwei Fixsterne der Dichtung des 20. Jahrhunderts. Auf der einen Seite Lowell, der Vielschreiber, der seinen Durchbruch mit den *Life Studies* von 1957 hatte, ein Gedichtband, der im Amerika der fünfziger Jahre mit ähnlicher Wucht einschnitt wie bei der vorigen Generation *The Waste Land* von T. S. Eliot, und Künstlerinnen wie Anne Sexton und Sylvia Plath auf ihrem Weg zur Bekenntnisdichtung beeinflusste; Lowell, der Coverboy des *Time Magazine*. Und auf der anderen die Autobiografisches weitaus strenger verschlüsselnde, mit geografischen Motiven arbeitende Wenigschreiberin Bishop, die zeit ihres Lebens vor allem von Kollegen geschätzt wurde, ein »poet's poet« blieb; Bishop, die nur vier schmale Bände Gedichte veröffentlichte und ihre glücklichsten Jahre mit ihrer Freundin Lota de Macedo Soares in Südamerika verlebte. Elizabeth Bishop ist übrigens auf die Stelle mit der Verlobungsfrage in Lowells Brief nie eingegangen. Es gab einfach zu viele Kleinigkeiten, über die es lustig zu berichten galt, es gab Worte in die Luft zu verwerfen; irgendjemand würde sie schon auffangen.

(2009)

Twilight in den Föhrenwipfeln
Über Bestseller und Zen-Buddhismus

Nein, Stephenie Meyer, die Autorin der *Twilight*-Vampirsaga, hat nie wirklich im Städtchen Forks im US-Bundesstaat Washington gelebt, dem Schauplatz der seit geraumer Zeit durch die Welt bestsellernden Liebesgeschichte zwischen dem Highschool-Mädchen Bella und dem Vampir Edward Cullen. Sie hat sich das Nest ausgesucht, weil es ihr einerseits mit seiner Nähe zu Reservaten, Regenwäldern, den unsagbar schönen Bergen und herrlichen Stränden eine Natur bereithält, die so zärtlich und erhaben, so unglaublich ist, dass dort alles möglich scheint, selbst ein Krieg zwischen Vampiren und Werwölfen. Ein Territorialstreit um das Revier, zwischen Edward und seinem Team 1 und Jakob und seinem Team 2. Forks ist außerdem ausreichend trist und düster, um nicht nur Bella zu Beginn erst einmal ordentlich abzuschrecken, sondern auch als glaubhaft dunkles Versteck für die Gestalten der Nacht herzuhalten. Die durchschnittlich höchste Regenmenge der Vereinigten Staaten fiele in Forks, hatte sie bei der Recherche für den ersten Band gelesen.

Daran hat sich seitdem nichts geändert. Als mein in Seattle lebender Bruder, seine Frau, mein Mann und ich auf dem Weg von Seattle in den Olympics Nationalpark über Nacht in Forks Station machen, regnet es in Strömen, und ich denke daran, wie Stephenie Meyer auf ihrer Homepage verkündet, dass sie bei ihrem 2004 hier verbrachten Wochenende unter purem Sonnenschein leiden musste, als sie gemeinsam mit ihrer Schwester den ihr aus dem Internet bekannten und inzwischen von ihrer Fantasie auf vielen Hunderten von Seiten umgestalteten Ort in Wirklichkeit kennenlernen wollte. Arme Stephenie, sie hat wirklich immer Pech.

Wir rollen langsam die Route 101 entlang und spähen durch die Regenschlieren am Scheibenwischer vorbei: ein paar fiese Diner, Motels, eine Tankstelle, eine Menge *Twilight*-Devotionalienläden (»Team Edward«-T-Shirts!) und ein Supermarkt. Und das war dann auch schon alles, wir müssen wenden, alles noch einmal abfahren und dabei in der anderen Richtung aus dem Fenster sehen. Auf der anderen Straßenseite befinden sich ein paar fiese Diner, eine Tankstelle, eine Menge *Twilight*-Devotionalienläden (»Team Jakob«-T-Shirts!) sowie ein Hinweisschild, der Supermarkt sei gegenüber. Die leichte Dauerdepression, unter der Bellas Vater leidet, wirkt hier so natürlich wie der Nieselregen, der einsetzt, wenn der richtige Regen mal Pause macht: wie die beste aller Optionen.

Wir setzen uns bei dem Mexikaner, den wir unter den tristen Möglichkeiten zum Abendessen auswählen, an einen verschmierten Tisch. Mein Bruder sagt: »Auch ein schlechter Mexikaner ist nie wirklich schlecht, es ist immer genug Käse obendrauf.« Immerhin, hier liegt ein Stadtplan mit den eingezeichneten Hot Spots des Ortes aus. Nummer eins ist der Parkplatz vor der örtlichen Highschool, in der ein Mitschüler Bella beinahe über den Haufen fuhr. »Check out the parking lot where Bella was rescued by Edward...«, Nummer zwei der Supermarkt, an dem wir bereits mehrfach vorbeigefahren sind. Bella hat hier – na, was? –, genau, sie hat hier Lebensmittel eingekauft.

Für das »Team Jakob« wird auf das am Meer gelegene La Push verwiesen, den Nachbarort, wo der Stamm der Quileute heute noch beheimatet ist. Vom Strand aus sieht man die Klippen, von denen im Film die Jungs aus Jakobs Rudel – in adoleszenter Menschengestalt und mit tollen muskulösen Oberkörpern – beim *cliff diving* zu bestaunen sind. »Aber versuchen Sie es bitte nicht selbst.« Ich drehe den Plan um. »Black Diamond Bridal« wirbt mit dem Slogan »Wo Bella ihr Kleid für den Abschlussball fand«. Das *Bella Italia*-Restaurant hat die Saga natürlich auch gründlich studiert und verkündet: »Wo Bella und Edward ihre erste Verabredung hatten«, das *Three Rivers Resort* hat nichts Passendes entdeckt und erfindet sich selbst neu als »Home of the Werewolf Burger«. Das *Pacific Inn* huldigt einem »Twilight Theme Room« und das *Dew Drop Inn*-Motel hat immerhin die »Bella Suite«. Wir fahren nach dem Essen in das Motel, das mein Bruder ausgesucht hat, weil ihm der Werbeslogan »Edward Cullen did not sleep here« am besten gefallen hat. Kurz vor dem Schlafengehen erkläre ich meiner Schwägerin noch die deutsche Redewendung »Hier möchte man nicht tot überm Zaun hängen« – aber selbst die fordert noch zu Vampirscherzen auf. Erschöpft sinken wir auf die Betten, die so bequem sind wie – ach, egal, mir fällt das englische Wort für »Sarg« ohnedies um die Zeit nicht mehr ein.

Am nächsten Morgen fahren wir bei strömendem Regen erst zum Supermarkt, um in Bellas Fußstapfen Proviant einzukaufen, und dann in den Nationalpark. Es ist neblig, und der Dunst verwandelt die ohnehin umwerfende Landschaft in einen begehbaren Traum. Wir fahren an steilen Hängen entlang bergaufwärts und sehen auf Wälder, auf die Spitzen von Nadelbäumen, die wie gerade gelöschte Streichholzköpfe im Dunst glimmen, ohne dass dieser Dunst je wirklich gelöscht sein würde, von der feuchten Erde, von den dunklen grauen Bergseen her kommt immer neuer Nebel. Im Prinzip braucht man hier keine Werwölfe, um es spannend zu haben.

Man braucht auch keine Vampire, keine Menschen, keine Autos. Der inzwischen hochbetagte Dichter, Ethnologe und Naturschützer Gary Snyder, der 1975 den Pulitzerpreis erhielt, hat in solch einer Landschaft gelebt, und er hat sie bedichtet.

Gary Snyder
Föhrenwipfel

in blauer Nacht
frostiger Nebel, der Himmel glüht
vom Mond allein
schneeblau
biegen sich Föhrenwipfel, lösen sich
in Reif, Sternlicht, Firmament.
das Knirschen von Stiefeln.
Rehstapfen, Hasenspur,
was verstehen wir.

Ja, was verstehen wir? Wir steigen wieder ins Auto und fahren ein Stück. Steigen wieder aus. Die Wolken hängen tief. Wir halten an und gehen die markierten Pfade entlang spazieren. Ein Rehkitz und seine Mutter tun gerade dasselbe. Sie sehen uns aus zwei Metern Entfernung neugierig und ohne jede Spur von Angst an. Wie arbeitet Snyder, mit diesen Eindrücken? Poetische Imagination ist für Snyder kein Modus des Erfindens. Er findet. Wobei er die Erfahrung der Welt draußen ohne den Umweg der Metapher oder des Symbols darstellen will: Auf diese Weise beinhalten seine Gedichte immer noch die Bewegung des Suchens, sind der originäre Ausdruck einer Form des Aufspürenwollens. Snyder bewegt sich damit in den Spuren des Imagismus von Pound, der die Dinge als sich selbst genug betrachtet und daher die Klarheit des Ausdrucks und eine gewisse Blickschärfe über alles schätzt. Dies ist auch der Grund, weshalb er den Kanon der klassischen chinesischen und japanischen Dichter so schätzt, die Direktheit, mit der sie Erlebtes beschreiben und dadurch innerweltliche Spiritualität erzeugen. Snyder hat aus beiden Sprachen viel übersetzt und, wie Pound, auch selbst Haikus geschrieben, die diese Technik zu vervollkommnen suchen.

Wir gehen wieder zum Auto, tauschen die Turn- mit den Wanderschuhen, holen die Rucksäcke heraus und schlagen jetzt einen der längeren Wege ein. Sitzen still auf umgekippten Baumstämmen, sehen die von Moos überwachsenen Äste, riechen die schlammige Fäulnis überall, hören, wie der Regen oben in den Bäumen hängen bleibt: Das Blätterdach schützt uns, wir werden nicht nass. Die Sandwiches, die wir aus dem Supermarkt mitgebracht haben, in dem die fiktive Bella ihre fiktiven Einkäufe erledigte, sind im Auto geblieben. Wir dürften hier nicht essen, um keine wilden Tiere anzulocken, besagen die Parkregeln. Sowieso denkt keiner daran. Wir stehen hier einfach, ganz in den Moment gegossen, nur Teil der Natur. Wir haben die ausgedehnten Wälder im Blick, sind dem Himmel weit entfernt, aber dafür den Pflanzen, der flirrenden Ebene, dem erdigen Boden sehr, sehr nah; es herrscht Zwielicht. Und ich möchte in diesem Augenblick unsterblich sein.

(2010)

Der Stolz der Katze auf ihre neun Tode
Über Sylvia Plath

Die kleine autobiografische Erzählung »Schneeangriff« von Sylvia Plath über den legendär kalten englischen Winter des Jahres 1962/63 handelt von einer jungen Ich-Erzählerin, wie die Autorin alleinerziehende Amerikanerin mit zwei kleinen Kindern, die zum ersten Mal einen Schneewinter in London erlebt. Zuerst beobachtet sie belustigt, wie die Engländer so gar nicht auf die weiße Weihnacht vorbereitet sind: Die Geschäftsleute haben vom Schneeräumen vor ihren Eingangstüren anscheinend noch nie etwas gehört; die Hausverwalter müssen passen, wenn die Rohre gefrieren, ist an einer Stelle ein Schaden behoben, kracht oder gurgelt es sofort an der nächsten.

Die Geschichte strotzt vor ulkigen Beschreibungen; auch wenn die Situation für die junge Mutter, die auf Wärme und Wasser dringend angewiesen ist, zunehmend an Bedrohlichkeit gewinnt: »Dann kamen die Stromausfälle. An einem rußfarbenen, frostigen Morgen knipste ich die beiden Schalter der elektrischen Heizung an, die die Baufirma in die Mitte meiner sonst schönen georgianischen Wand gedübelt hatte, was ungefähr so aussah wie ein Marsmensch mit Operationsmaske.« Am Ende hat die Erzählerin das Schlimmste überstanden, fürchtet sich aber, dass solche Winter nun die Regel in London werden könnten, und flüchtet sich in eine absurde Hoffnungssituation, die wenigstens der nächsten Generation bessere Chancen im Kampf um die bedrohte Zivilisation einräumt: »Meine Kinder werden zu beherzten, unabhängigen und zähen Menschen heranwachsen« und der alternden Mutter »Kerzen herbeischaffen, während ich einen wasserlosen Tee braue«.

Das Stück wäre hübsch zu lesen gewesen in einem Feuilleton oder einer Zeitschrift; besonders hervorgestochen wäre es wohl weder literarisch noch inhaltlich. Seine Berühmtheit verdankt sich der Tatsache, dass nur Wochen nach der Niederschrift, am 11. Februar 1963, die erst dreißigjährige Verfasserin ihre beiden Kinder, Frieda und Nicholas, bei geöffnetem Fenster in ihre Bettchen im Kinderzimmer legte, um in der luftdicht abgeklebten Küche den Kopf in den Gasherd zu stecken.

Auf ihrem Schreibtisch lag ihr nachgelassenes *Ariel*-Manuskript, rund vierzig neue Gedichte, die Plaths Ehemann nach ihrem Tod veröffentlichte, wobei er einige Texte wegließ und einige andere, die er genauso stark fand, aus ihrem Nachlass hinzufügte, etwa dieses:

Worte

Äxte
Nach deren Schlag das Holz klingt,
Und die Echos!
Echos die laufen
Fort von der Mitte wie Pferde

Der Saft
Steigt auf wie Tränen,
[…]

Die Spanne, die den Unterschied zwischen den beiden Texten ausmacht, der launigen Erzählung und dem kalten, schroffen, nahezu perfekt schönen Ton des Gedichts, ist typisch für den bipolaren Kosmos der Sylvia Plath: dort Prosa, hier Lyrik, dort das Leben, hier der Tod; dort der unbedingte Wille zu unterhalten, hier der eingelöste Anspruch, wahrhaftig zu sein. »Wenn das Gedicht konzentriert ist, eine geschlossene Faust, dann ist der Roman eine offene Hand, ausgreifend und entspannt: hat Straßen, Umwege, Bestimmungen; eine Herzlinie, eine Kopflinie, Geld und Sitten geraten hinein. Wo die Faust ausschließt und erschlägt, kann die offene Hand in ihren Reisen vieles berühren und erfassen«, schrieb Sylvia Plath in »Ein Vergleich«.

Ein anderes, großartiges Gedicht aus *Ariel*, nämlich »Lady Lazarus«, lässt sich ähnlich spiegelbildlich zu *Die Glasglocke*, dem einzigen Roman der Autorin, lesen. Wiederum hat Plath in beiden Fällen die Ich-Perspektive gewählt. Doch während mit Lady Lazarus eine unpersönliche Mythenfigur spricht, eine Heldin, die sich rühmt, neun Leben zu haben wie eine Katze und auf diese Weise jährliche Blicke ins Jenseits zu werfen (»Sterben / ist eine Kunst, wie alles andere auch / Ich kann es besonders schön.«), gelingt dies der realistisch gezeichneten Romanheldin nicht. Esther Greenwoods Selbstmordversuche, Resultat einer fortschreitenden Distanzierung zur Welt, scheitern; sie bleibt im Diesseits gefangen.

Beide Ich-Konstrukte werden in Verbindung gebracht mit dem Judentum beziehungsweise dem Dritten Reich: Der Name »Esther Greenwood« ist ein Hinweis auf jüdische Wurzeln, »Lady Lazarus« schlägt sich selbst der Täterseite zu, indem sie von sich sagt, ihre Haut strahle »wie ein Nazi-Lampenschirm«. Sylvia Plath macht hier Anspielungen, die heute durchaus auch kritisch gesehen werden. Doch die Frage »Darf man das?« hat sich die Amerikanerin, die ihren deutschen Vater mit neun Jahren verlor und wohl dadurch auf das Verlassenwerden durch ihren Mann, den berühmten

Dichter Ted Hughes, derart traumatisch reagierte, anscheinend nie gestellt. Oder die Bostoner Schreibseminare beim bewunderten Bekenntnispoeten Robert Lowell, neben ihr die strahlende Konkurrentin Anne Sexton, haben ihr die Skrupel ausgetrieben.

Nur dreißig Jahre wurde sie alt, aber durch diese Jahre – und hier ist noch zuletzt der »Schneeangriff« ein erschreckendes Beispiel – hat sie sich gnadenlos gepeitscht. Die 1932 geborene Plath studierte als ehrgeizige Stipendiatin am Smith College in Massachusetts. Im August 1953 reiste sie nach allzu arbeitsreicher Zeit in den Ferien nach Hause und erfuhr dort von ihrer Mutter, dass sie zu einem Schreibseminar von Frank O'Connor nicht angenommen worden war. Sie reagierte mit einem ersten Selbstmordversuch; den Aufenthalt in einer psychiatrischen Klinik beutete sie für *Die Glasglocke* aus. Eine Hochphase hatte sie, als sie am »Bloomsday«, dem 16. Juni 1958, den von ihr bewunderten englischen Dichter Ted Hughes heiratete. Es war eine Dichterehe mit allen Höhen und Tiefen, die Geschichte schrieb. Wer noch einmal auf der Achterbahn aus Selbsthass und Verzweiflung mitfahren möchte, lese ihre Tagebücher.

Ihr Ehrgeiz und die ständige Suche nach Bestätigung ließ sie permanent Texte an Zeitungen senden in der Hoffnung auf positive Resonanz. Diese Routine wirkte sich auf den schriftstellerischen Prozess aus: Da Redakteure sich bekanntlich wenig Zeit und Geduld leisten können, müssen sie von Beginn an gepackt werden. Plaths Geschichten kennzeichnen mit wenigen Ausnahmen lässige, großspurige Anfangssätze. Solche Sätze rufen: Seht her, ich beherrsche das Handwerk, Leser, vertrau dich mir an!, aber sie schrauben auch die Erwartungen hoch. Hier eine kleine Liste Plathscher Anfänge aus ihren besten Geschichten sowie aus der *Glasglocke*:

»Es gibt einen Tag im Leben, den du nie vergisst, sosehr du es auch versuchst.« (»Ein Tag im Juni«)

»In dem Winter, in dem der Krieg anfing, fiel ich in der Nachbarschaft in Ungnade, weil ich Leroy Kelly ins Bein gebissen hatte.« (»Der Schatten«)

»Bamber hatte am Market Hill ihr Fahrrad gerammt; Orangen, Feigen und ein Paket mit rosa glasierten Törtchen flogen auf die Straße, und als er sie zur Entschädigung zu der Party einlud, beschloss Dody Ventura, hinzugehen.« (»Steinknabe mit Delphin«)

»Jeden Tag sitze ich von neun bis fünf an meinem Schreibtisch mit dem Gesicht zur Tür und schreibe die Träume anderer Leute auf.« (»Johnny Panic und die Bibel der Träume«)

»Es war ein verrückter, schwüler Sommer, dieser Sommer, in dem die Rosenbergs auf den elektrischen Stuhl kamen und ich nicht wusste, was ich in New York eigentlich wollte.« (*Die Glasglocke*)

Sylvia Plaths implizierte Anforderung an die Welt war, dass sie, die doch dermaßen unbarmherzig mit sich selbst war, zumindest von der Umwelt erwarten durfte, dass die sie gut behandelte. Bei dieser Denkfigur ist die doppelte Enttäuschung vorprogrammiert. In schlechten Phasen wurde sie von Depressionen durch alle Höllenkreise geführt. Doch selbst in besseren Zeiten war das Thema Selbstmord noch präsent, nur lief es mehr oder weniger gebändigt neben ihr her, wie ein Hündchen an der Leine. Dann diskutierte sie – wieder eine dieser zur Literaturlegende gewordenen Szenen – gut gelaunt mit Anne Sexton über die besten Methoden, während beide Frauen Martinis schlürften.

Wenn Jonathan Franzen in seinem Vortrag »Über autobiografische Literatur« fragt (es geht ihm dabei auch um eine

Rechtfertigung, weshalb er sich zugunsten seiner eigenen Entwicklung von seiner ersten Frau, ebenfalls Autorin, trennte): »Ist es nötig, zu dem Menschen zu werden, der das Buch schreiben kann, das man schreiben muss?«, und diese Frage mit »Ja« beantwortet, müsste man folgerichtig sagen: Ja, es war nötig, dass Sylvia Plath sich umbrachte, um ihre letzten Gedichte zu schreiben. Die Entwicklung war in ihr angelegt wie ein bösartiges Computerprogramm. Doch alles, was sie vorher schrieb, war genauso Teil ihres Kosmos, und dieser verdient heute mehr denn je seine Leser. Sylvia Plath lesen heißt, sich in den Zerrspiegeln der Selbstfiktionen, Überhöhungen und Erniedrigungen zu verlieren. Ich denke, es ist nur ein Teil des Mythos, wenn Hughes an den letzten Gedichten rühmt, sie habe endlich zu ihrer Stimme gefunden. Sylvia Plath war ihr eigener Chor, der surreale Chor einer griechischen Tragödie, der nach der Wahrheit schreit. Und in jeder noch so sanften Zeile hallt das Echo.

(2013)

Warum Odysseus es im Paradies nicht so mochte
Über Inger Christensen

Ich sitze auf der Terrasse, lese und betrachte die Versuche unserer sogenannten »Hausgemeinschaft«, den Garten zu pflegen. Mein Mann und ich sind zum Glück nur für die wenigen gepflasterten Meter hier vorne zuständig. Der letzte Neuzugang, ein Bambus, hat gerade in seinem Steintopf schlappgemacht – irgendwie sind wir nie lange genug am selben Ort, um die mit großem Engagement aus dem Gartencenter hergeschleppten Pflanzen am Leben zu erhalten. In seinem Buch *Gärten. Ein Versuch über das Wesen der Menschheit* schreibt Robert Harrison: »Schon seit Jahrtausenden und in sämtlichen Weltkulturen haben sich unsere Vorfahren menschliches Glück in seinem vollendeten Zustand als Gartenexistenz vorgestellt.« Aber nicht müßig herumliegend, nein, »in ewiger Sorge«, heißt es da. Harrison schreibt, dass das Bedürfnis, sich um etwas zu kümmern, zutiefst menschlich ist, und nur wenn man für etwas Sorge trägt hat man auch die Chance, damit glücklich zu sein.

Das ist auch der Grund, weshalb Odysseus es im Paradies nicht so mochte. Als die Nymphe Kalypso ihn auf ihre Insel Ogygia holte, wo grüne Wiesen, Zitronenbäume und Petersilie wuchsen – ja, Petersilie, das ist es, was das homerische Wort »Eppich« meinte –, die Vögel zwitscherten und sich Zweige fruchtbeladen unter dem ewig sonnigen Himmel bogen, verbrachte er seine Tage verdrossen am Strand und sehnte sich zurück nach Ithaka. Weg von Unsterblichkeit und köstlichem Essen, hin zu Ehefrau und Familie, Krieg und Alltagssorgen.

So liege ich da, betrachte die gelblich grauen Bambushalme und bin glücklich. Unten ist ein Teil noch ganz grün, an der Seite zumindest. Wir könnten neue Erde in den Topf geben und mehr gießen. Oder ich könnte erst einmal eine dieser tollen Gartenzeitschriften kaufen und mich informieren. Die Fotos dort sind fantastisch – echte Kunst, und man muss ja nicht alles haben. Das Paradies ist zwar einerseits eine famose Idee und wird seit Jahrhunderten gerne bildhaft ausgeschmückt. Aber da Adam und Eva nicht die Schöpfer der schönen Umgebung waren, musste das Experiment zwangsläufig rasch scheitern: Hätten sie etwas zu bestellen, zu gärtnern gehabt, wäre das alles anders gekommen.

So gelesen, klingt auch der mineralische »Garten der Götter« aus dem Gilgamesch-Epos, mit seinen Lapislazuli- und Karneolbäumen, wo die Zedernstämme ganz aus Tigerauge gemacht sind und die Nadeln an den Zweigen aus Meereskorallen bestehen, wirklich nicht wie der Ort, an dem man sich gut unterhält. Ich wäre nun, in diesem Moment, nirgends lieber sonst, trotz des kaputten Bambus.

Paradiesvorstellungen sind hartnäckig und der Wunsch nach einem unterschiedslosen »In-der-Welt-Sein« den Menschen anscheinend angeboren. Meine Lieblingsautorin Inger Christensen sieht den paradiesischen Zustand in ihrem Essay »Die ordnende Wirkung des Zufalls« zwiespältig. Im Rausch vielleicht, in der Liebesbegegnung, im großstädtischen Strom anonymer Menschen, finde man wohl dann und wann eine Annäherung an das Amorphe dieser Glücksvorstellung. Aber nur eine Annäherung. »Alles andere wäre tödlich. Das Erlebnis eines scheinbaren Mangels an Unterschied zwischen

Haut und Luft, Körper und Welt, zwischen Mensch und Mensch ist angenehm, ja geradezu paradiesisch angenehm, wäre in seiner extremen Konsequenz aber tödlich, ganz einfach ein Auslöschen des einzelnen Individuums.«

Und dann beschreibt sie ihre eigene unverhoffte Freude, sich eines Tags im Paradies wiederzufinden – in Edenkoben in der Pfalz, wo sie im dortigen Künstlerhaus lebte: »Das Fenster in meinem Zimmer mit der Aussicht über die weitgestreckte Landschaft ist ein modernes Paradiesbild« – und da sage noch einer, Schriftsteller wären für ihre Stipendien nicht dankbar. Edenkoben, erklärt ihr ein Einheimischer, als sie beim Mittagstisch in der örtlichen Gaststube sitzt, hat als Wort keine Bedeutung. »Eden« bedeutet »Eden« für den Garten Eden, Koben für Stall. Weil die Leute, die hierherkämen, wie Pferde sind, die ohne Essen und Trinken nicht weitergehen könnten, wobei sie das ja vielleicht auch nicht müssten, philosophiert der Mann vor seiner interessierten Zuhörerin aus Dänemark. Christensen formuliert das um: »Eine Welt also, der das Paradies mangelt. Wo es aber ab und zu einen Stall gibt, der uns dazu bringt, uns an das Mangelnde zu erinnern. Ein Ort, wo wir Fremde sind und dennoch zu Hause.«

Schriftsteller haben noch einen anderen Ort, an welchem sie das Paradies suchen: in der Sprache. »Der Drang des Schriftstellers, zur ordnenden Wirkung des Zufalls vorzudringen, weil sie Teil unseres Bewusstseins von eigener und der Sterblichkeit anderer ist – als wäre dieser Drang auch ein Teil unserer Vorstellungen vom Paradies, einem mythischen Ort für das unterschiedslose ›In-der-Welt-Sein‹ des Menschen.«

Inger Christensen fand den Weg zum Paradies der Sprache übrigens in den siebziger Jahren durch die Lektüre des Linguisten Noam Chomsky. Seine Idee einer angeborenen

Sprachfähigkeit, die Annahme universaler Regeln, einer »Universalgrammatik«, war für Christensen »die unabweisbare Gewissheit, dass die Sprache die unmittelbare Verlängerung der Natur ist. Dass ich dasselbe Recht habe zu sprechen wie ein Baum, Blätter zu treiben.« Eine wahrhaft paradiesische Vorstellung: das Einssein mit den Äußerungen des Lebens, wie sie andere Wesen von sich geben. Doch so wie Kalypsos Insel und Adams und Evas Paradies von der Forschung an immer neuen empirisch nachweisbaren Plätzen verortet wird, ja, wie Evas Apfel, lat. *malum*, genauso gut eine andere Frucht, etwa ein Granatapfel oder eine Feige gewesen sein könnte, ist auch der alt gewordene Chomsky widerlegt worden: Neben der These vom Angeborensein des menschlichen Spracherwerbs, so führt das gerade erschienene Buch *Gehirn und Gedicht* von Raoul Schrott und Arthur Jacobs aus, wackelten inzwischen auch andere Grundpfeiler dieses Theoriegebäudes, etwa die These der Unabhängigkeit von Syntax und Semantik. Grammatikalisches Wissen entwickle sich demnach tatsächlich parallel zum Wortschatz, es sei nicht einfach schon da. Die Ausführungen von Schrott und Jacobs – auch wenn sie sich streckenweise so einfach und schlicht lesen wie eine neurowissenschaftliche Habilitation, sind gleichwohl die schönste Lektüre im heimischen Garten. Eine Quelle von alten und neuen Wortschätzen.

Mein Mann singt leise vor sich hin, als er mit einem Besen die Blätter vor dem Bambusskelett auf der Terrasse zusammenkehrt. Ich kann zwei Zeilen verstehen: »Ein Garten ist eine Idee / voll Sommerblütenschnee.« Wir sehen uns an, lächeln, und plötzlich glaube ich, dass das Gedicht uns so wertvoll ist, weil wir uns alle so viele Sorgen um es machen. Es bedeutet für uns den Schimmer des Paradieses und handelt wohl deshalb auch so oft von sich selbst.

(2011)

Kann nicht steigen nicht fallen
Helga M. Novaks Liebesgedichte

Helga M. Novak
Liebe

und die Haare in deinen Achselhöhlen
die schmecken nach Salz und Schweiß
du – mein Geliebter – und bloß du
du brennst in den Spalten
flaches Glitzern läuft deine Arme entlang

ein Pferd versank im Flußsand
die Stuten standen herum und wieherten
betrübte Augen – zuletzt fiel die Nässe
in seine apfelgroßen Nüstern
so lange roch es nach den Pferdeweibern

ich rieche dich und will dich
wenn ich dich ansehe bestehst du
aus lauter Sonnen
und du scheinst die sauberste
Anschaffung der Erde zu sein

Ein Gedicht einfach »Liebe« zu nennen, ist ein Wagnis. Es ist ungefähr so, als fragte man in einem Geschäft für Süßigkeiten, ob im Angebotenen Zucker sei: Man macht sich leicht lächerlich. Und muss schon auf einen Fachmann stoßen, der einen – aber dann auch richtig – ernst nimmt. Und den Kunden auf die Alternativen aufmerksam macht, von Aspartam bis Zedernhonig.

Mit Helga M. Novak fühlt man sich von einer Expertin an die Hand genommen. »Liebe«, dieser Text hält in seinen dreimal fünf Zeilen den sinnlichen, gleichzeitig aber auch sehr direkten Ton durch, der zu Beginn angeschlagen wird: »und die Haare in deinen Achselhöhlen / die schmecken nach Salz und Schweiß« – solchermaßen beschreiben die ersten beiden Zeilen erst einmal den physischen Zustand des Geliebten. Man vergleiche dies nur mit der Ausdrucksweise der großen Liebeslyrikerin Ingeborg Bachmann, wo im Gedicht »Dunkles zu sagen« vom Morgen berichtet wird, »als dein Lager / noch naß war von Tau und die Nelke / an deinem Herzen schlief«. Helga M. Novak macht das anders. »Du hast keinen Leib sondern einen Körper«, schreibt sie in einem anderen Liebesgedicht (»ich bin dein Spiegel«), wie zur Erklärung.

In »Liebe« heißt es, nach der körperlichen Bestandsaufnahme, in der dritten Zeile: »du – mein Geliebter – und bloß du / du brennst in den Spalten«, und an dieser Stelle wird dem Leser klar: Dieses lyrische Ich spricht augenzwinkernd. Diese Autorin ist sich genau bewusst gewesen, was sie sich da aufhalste, indem sie ankündigte, über »Liebe« zu schreiben. Denn sie behandelt ja nichts als ein Paradox. Die Einmaligkeit des Geliebten gehört immer wieder zum Lieben dazu, jedes Mal; das Singuläre repetiert sich. Witz und Tragik genau dieser Paradoxie sind es, auf die der poetische Akt zielt.

Helga M. Novak bleibt hier aber nicht stehen. Überraschenderweise handelt die zweite Strophe von etwas ganz anderem – von Pferden. Eines, vermutlich ein Hengst, versinkt im Flusssand, und die Stuten stehen herum und wiehern, mit »betrübte(n) Augen«. Das eingeschobene, fünf Zeilen umfassende Drama aus dem Tierreich endet mit der lakonischen Feststellung, »so lange roch es nach den Pferdeweibern« – und dann führt die dritte Strophe Menschenliebe und Tierinstinkt zusammen mit »ich rieche dich und will dich«, um in der schönsten Liebeserklärung zu gipfeln: »wenn ich dich ansehe bestehst du / aus lauter Sonnen«. Der Textschluss wiederum – »und du scheinst die sauberste / Anschaffung der Erde zu sein« – ist ironisch und verspielt. Summa summarum steckt in diesen fünfzehn Zeilen schon alles, was die Novak-Liebe über Jahrzehnte kennzeichnen wird: Witz, Direktheit, Archaik, Erotik. Und: Natur.

Ja, die Natur. Der Wald. Die Tiere. Es kriecht und krabbelt, es huscht und zuckt und flattert in den Liebesgedichten der Helga M. Novak, es wird gelockt und geschossen, es ist entweder große Komödie oder endlos tragisch, aber immer lauert irgendwo dahinter die utopische Möglichkeit, dass es eine Idylle gibt, die bewohnt werden kann. Helga M. Novaks größte Naturgedichte sind große Stücke Liebeslyrik – und umgekehrt. Liebe, Bewunderung, Dankbarkeit und Demut mischen sich in immer neuen Verhältnissen. Liebe erscheint als natürliche Verfassung, die Natur als Spiegel, Kulisse, Maßstab. Helga M. Novak beherrscht es, Natur und Liebe in immer neue Zusammenhänge zu bringen. Sie schreibt zum Beispiel ein Gleichnis wie in »Nachtfalter«: »an meiner Zimmerdecke kleben / zwei liebende Motten zusammen«, heißt es da, und es gibt ein Beinahe-Happy End, das hier verraten werden darf: sie »fallen ohne sich zu trennen«.

Einen ähnlich gewitzten Unterton hat das dreistrophige Gedicht »kann nicht steigen nicht fallen«, das zu den bekanntesten Texten der Novak gehört: Hier wird das verliebte und in seiner Verliebtheit sich gefangen fühlende lyrische Ich mit einem ganz besonderen Vogel verglichen, nämlich einem Wasserhuhn:

sieht so aus als hätte
ich das Fliegen verlernt
kann nicht steigen nicht fallen
flügellahm
sitze ich da und brüte
Liebeserklärungen aus

dabei gibt es eine Menge Vögel
die sich nie von der Erde lösen
und springen und stolzieren
mit gewölbten Federn
durch das wehende Gras.

ich bin für heute ein Wasserhuhn
[…]

Die Komik tut ihre Wirkung: Dermaßen in ein Verhältnis gesetzt, grämt sich das Ich nicht weiter, sondern fügt sich vergnügt in seinen Zustand; Erleichterung, ja Absolution haben die Besorgnis abgelöst. Kaum noch Zweifel herrscht darüber, dass auch das Liebesbekenntnis bald formuliert sein wird. Sehnsucht und Kummer haben im Wasserhuhndasein eben nur sehr begrenzt Platz.

Neben solchen humorvollen Arabesken stehen Gedichte von großer Tragik: Helga M. Novak beherrscht die Operette, aber auch die große Oper. So hoch die »Natur« als Zufluchtsort bewertet wird, so tief ist der Absturz, wenn die Besiedlung scheitert. Das Gedicht »Häuser« konfrontiert den geliebten Ort mit dem Konzept »Haus« und zeigt auf, wie problematisch alles wird, sobald Teile bürgerlicher Ordnung in die Wildnis gebracht werden.

Landschaft Erde Natur
alles weiblich
dahin will ich gehen
[...]
und werde in aller Stille
ein Haus bauen
ein Haus beziehen
und werde es – ungeliebt
und unfähig zu lieben –
mit meiner maßlosen Liebe
entzünden

Abgesehen davon, dass der Hinweis darauf, »die« Landschaft, »die« Erde, »die« Natur seien allesamt weibliche Substantiva, charmanter und diskreter nicht gemacht werden kann: Hier wird nicht geschönt, dass es zum Verzweifeln sein kann, wenn ein groß angelegter Versuch scheitert. Mit den besonderen Bedürfnissen der Novak-Liebe, der Liebe zu reiner Wildnis, ist das Wohnen im Eigenheim nicht in Einklang zu bringen.

Das lyrische Ich befindet sich zuletzt nicht im Haus (und schon gar nicht mit dem Geliebten), sondern sitzt allein davor auf der Bank und wartet, »für immer wie eine / der die Augen übergegangen sind«.

Dem Leser bleibt der Trost, dass diese Wartende zugleich eine Wissende ist: Sie hat das maximale Gefühl erlebt. Etwas Unglaubliches kann in dieser Welt immer passieren, und manchmal muss man eben warten und darauf hoffen. Einsamkeit als melancholische Befindlichkeit derjenigen, die viel erlebt haben – solche Einsamkeit wird hier beschrieben. Sie ist erhaben und stolz.

Es ist erstaunlich, wie vielfältig Helga M. Novak sich dem Thema Liebe nähert. Man sollte, wenn man an diese Schriftstellerin denkt, natürlich an die große politische Lyrikerin, die Verfasserin autobiografischer Bücher, an die Natursängerin denken, aber ebenfalls an die große Liebesdichterin, die sie war.

Anders als beispielsweise Friederike Mayröcker, Elisabeth Borchers oder Inger Christensen, die sich dem Publikum im deutschsprachigen Raum auch noch im Alter zeigten, hat sich Helga M. Novak vom literarischen Leben schon lange vor ihrem Tod im Jahre 2014 zurückgezogen. Ihr Haus stand buchstäblich mitten im Wald, wo man sich, wie das Gedicht »gehen wir kirren« verrät, im Winter Dachsfellstücke in die Schuhe legen muss. Es ist eine extreme Art zu leben, und sie schafft eine enorme Glaubwürdigkeit. Der Leser jedenfalls könnte darauf schwören: Genau so verhält es sich auch mit Helga M. Novaks realen Füßen. Der vielgereisten Dichterin gelingt es, so zu wirken, als würde sie alles kennen, die Liebe, die Systeme, die Politik, die Länder, die Philosophie, und als wäre es für sie eben das letzte und geeignetste Mittel, die poetische Rede zu nutzen. So finden wir, die Leser, uns vor Zuständen wieder, die so glaubhaft über jedes Maß des Kommensurablen, des Erträglichen hinaus geschildert sind, dass sie uns beim Lesen in existenzielle Stimmungen versetzen. Das ist es, was die Novak'schen Gedichte so brennend und lebendig macht.

Auch in »Rauhreif« wird ein Haus beschrieben: Hier ist es ein prächtiger vereister Märchenpalast, ein Wunschort, der aber nicht in Wirklichkeit bestehen kann, von vornherein »Luftschloß« und »Hirngespinst« ist – und doch gibt es diesen Palast – in der Idee, in der Sprache, und hier ist er von wirklicher Schönheit:

Spitzengardinen hinter Eisblumen
hinter geachtelten Fenstern hinter
geschnitzten Läden hinter bereiften
glitzernden Sträuchern jeder Ast
[...]
Blockhaus Kindertraum Luftschloß
von Frost getarnt verkleidet eingesponnen
Gewebe Gespinste Hirngespinste sechs
hölzerne Stufen eine Schwelle zwischen
mir und einer geträumten Geborgenheit

Die Natur ist raue Bühne und immerwährendes Ziel der Sehnsucht – die geträumte Geborgenheit wirkt so echt, dass man sie riechen und schmecken kann. Man denke zum Vergleich an Helga M. Novaks Prosaband *Wohnhaft im Westend* (1970, zusammen mit Horst Karasek), in dem die Autorin, verzweifelt und zum Heulen komisch, die Querelen des Künstlerpaares mit Vermietern schildert, ihre Geldknappheit, die Ausbeutung als billige Renovierungskraft – bei alldem bekommt das Wort »Wohnhaft« noch eine wörtliche Bedeutung.

Das Frankfurter Westend war nur eine Station in der höchst bewegten Biografie der Autorin. Verwiesen sei hier auf die autobiografisch geprägten Bücher *Die Eisheiligen*, *Vogel federlos* und *Im Schwanenhals*; der letzte Band schildert, an *Vogel federlos* anknüpfend, die Zeit bis zur Ausbürgerung aus der DDR in den sechziger Jahren.

Helga M. Novak, 1935 in Berlin geboren, wuchs im Kinderheim und bei gehassten Adoptiveltern auf, gegen deren Willen sie auch in die FDJ eintrat. Sie besuchte eine Kaderschule in der Nähe Berlins, begann ein Journalistik- und Philosophiestudium in Leipzig, ging dann für einige Zeit nach Island. Zurück in der DDR, arbeitete sie am Fließband und als

Elektroschweißerin, heiratete dann aber einen Isländer und folgte ihm in die Heimat, wo sie in einer Fischfabrik und einer Teppichweberei arbeitete und zwei Kinder bekam. Sie reiste nach Spanien, studierte am Leipziger Literaturinstitut, wurde dort hinausgeworfen. 1966 wurde ihr die DDR-Staatsbürgerschaft aberkannt, und sie lebte in Berlin, Jugoslawien und Frankfurt am Main, bis sie sich in den achtziger Jahren in ihre polnische Wildnis zurückzog.

Helga M. Novak hat viele, sehr viele Möglichkeiten, ein Leben zu führen, kennengelernt – aber nein, da war keine Ordnung darunter, der sie sich längerfristig als Untertanin hätte anheimgeben wollen, auch wenn sie es vorübergehend mit glühendem Herzen versuchte. Im politisch konturierten Liebesgedicht »gehen wir Steine zerschlagen« wird gezeigt, was geschehen muss, wenn das lyrische Ich innerhalb gesellschaftlich unbefriedigender Strukturen Liebe erlebt: Die Liebenden finden sich zum Ausbruch zusammen:

> gehen wir Steine zerschlagen
> legen das Innere bloß
> sprengen die Konglomerate
> [...]
> brechen die Fußgängerzonen auf
> nehmen Sockel auseinander
> im Brunnen wird der Sandstein rot
> bei Tag fangen die Fossilien
> zu leben an in unserem Kopf
> [...]

Die beiden zuletzt zitierten Zeilen verweisen auf das übergeschichtliche Moment des Gedichts: Die Novak-Liebe, die durchaus imstande ist, Ordnung zu zerstören und dies auch als Erfahrung von Freiheit und Ekstase zu genießen, tut dies gleichwohl im Hinblick auf eine bessere Einrichtung der Welt. Die Liebenden haben keine andere Wahl, als »Steine« zu »zerschlagen«, Sockel auseinanderzunehmen: Sie scheinen zu ahnen, dass in der Welt, die so beschaffen ist wie die bestehende, ihre individuelle Liebe keine Chance hätte. Die Bedingungen reichen nicht aus. Das ist gar nicht so weit weg von Bertolt Brecht, und so lassen sich auch die scheinbar unpolitischen Liebesgedichte, die Paare weitab der bürgerlichen Norm, in einem Zwischenland der Natur zeigen, durchaus politisch lesen – als Vorwürfe, als radikale Gegenkonzepte.

»gehen wir Steine zerschlagen« stammt aus *solange noch Liebesbriefe eintreffen* mit Gedichten von 1979 bis 1985; es ist also ein relativ früher Text. Liebesgedichte ziehen sich durch ihr ganzes Werk, schildern Sehnsucht und Wachsen der Liebe, ihr Bestehen und den Liebesalltag, das Vergehen aus Überdruss oder Verrat bis zur Einsamkeit am Ende.

Biografische Anlässe zu kennen, erscheint unnötig; die Liebe ist der Zustand, die Natur der Erfüllungsort, Momente sind wichtiger als Abläufe.

Der Figur des Geliebten kommen die vielfältigsten Rollen zu – es sind in der Regel solche, die im Verhältnis zur Natur stehen. Das reicht von der scheuen Benennung wie in »singe du was« – der Aufforderung an den Geliebten, von Libellen, Kröten, Adlern und Salamandern zu erzählen – bis zur Selbstaufgabe und bedingungslosen Akzeptanz des »Du« als Lehrmeister in der Wildnis wie im Gedicht »Bewölkung«:

> du hast mir verboten vor dem Wind zu gehen
> mit dir zu reden hast du mir untersagt
> die Tiere nicht zu warnen nicht zu schrecken

Außerordentlicher Respekt vor dem, der die Regeln der Umgebung beachtet wissen will, ja, sogar so etwas wie Unterordnung des lyrischen Ichs gegenüber dem Geliebten, der die Regeln im Wald festlegt, sind hier herauszuhören. Es scheint, als steigere sich Novaks Liebe zum Mann ins Unermessliche, wenn sie bemerkt, in welchem außerordentlichen Verhältnis er zur Natur steht.

Zu den schönsten und verstörendsten Liebesgedichten gehören jene, die die Figur des Wilderers umkreisen, des Gesetzlosen also, der durch seine intimen Kenntnisse des Waldes besticht. Er ist ein Einzelkämpfer und als solcher für das lyrische Ich die akzeptierte Instanz; mitunter wird er beschrieben als Mann, der die Züge des klassischen romantischen Verführers zeigt, wie in »abortus provocatus«, wo es heißt: »der Eingebildete lockt / tief in die Kiefernschonung – lieg auf den Nadeln«.

Die »Wilderer«-Stücke sind ein Höhepunkt in Helga M. Novaks literarischem Schaffen. Bei keinem anderen zeitgenössischen Lyriker findet sich das Motiv der Jagd – seit den *Carmina Burana* das Motiv der sexuellen Liebe – so umwerfend und frisch verwendet. Als Gegenstück zu »gehen wir Steine zerschlagen« läßt sich »gehen wir kirren« lesen. »Kirren« ist ein Fachwort. Wenn einer kirrt, dann legt er Futter für Schwarzwild aus, um es anzulocken und dann zu jagen:

gehen wir kirren gehen wir locken
legen dem Rotwild gärende Äpfel hin
streuen wir Mais und Rüben und Heu

Der Geliebte und das lyrische Ich agieren unsentimental, als Teil der Natur. Der überbordende Rhythmus des Gedichts prescht voran, versinnbildlicht so noch zusätzlich die Freude über das gemeinsame Erlebnis der Jagd.

Eine andere Geliebten-Figur, Eustachos, hat es weitaus schwerer. Eustachos ist kein unabhängiger Einzelgänger, er hat bürgerliche Konventionen verinnerlicht. Schon der Name benennt ein Prinzip, Eustachos (wörtlich übersetzt: Ohrtrompete, die sogenannten Eustachischen Röhren sind ein spezieller Teil im Mittelohr) ist definiert als »der Name für eine Kunstfigur«. Im Gedicht »baut er mir ein Haus« wird er auf eine Art und Weise aktiv, wie es sich die Novak-Liebende nicht gewünscht hat:

> Eustachos geht auf die Nerven
> jetzt baut er mir ein Haus
> was ich nicht brauche
> jetzt baut er mir ein Dach
> was ich nicht möchte
> jetzt baut er mir ein Zimmer
> zum Schreiben zum Bleiben
> [...]

Eustachos ist kein Jäger, sondern Siedler. Seine Bemühungen gehen dahin, die Geliebte zur Sesshaftigkeit zu bringen. Liebende nach den Novak'schen Prinzipien aber – Prinzipien, die man in diesem Text nur ex negativo denken kann –, diese Liebenden brauchen allenfalls ein Bett im Gras, oder sie besetzen eine Höhle, aber kein Haus. Das Haus ist seit jeher ein Symbol für einen bestimmten, regelmäßigen Lebensstil, literarisch wird es gerne der Ehe zugeordnet. Ein Haus ist kultivierter öffentlicher Raum, da klingeln der Gebühreneintreiber der GEZ und der Paketbote, da ist vielleicht sogar Platz für Kinder und Katzen und ein Gästebett. Nur so hat sich die Liebende das nicht vorgestellt.

Das andere Eustachos-Gedicht, »wach auf Eustachos«, ist ein melodischer, schöner Gesang, der noch nichts weiß von der Genervtheit, die später kommt:

wach auf Eustachos bevor der Tau
in deine Poren dringt bevor die Vögel
warnen
vor dir warnen das Schalenwild
wach auf bevor die Nachtigallen singen

Es ist ein Gedicht mit der scheinbar klaren Aussage, dass der Geliebte zu einem Tagesablauf gemahnt wird, der mit der Natur im Einklang ist, aber es schwingt mehr mit. Die Qualität der Überschrift resultiert aus der gewissen Flottheit, mit der »wach auf« gesagt wird, um den Weckruf dann sogleich mit einer mythischen Persona zu verbinden, wie sie die Novak nur sehr sparsam benutzt (es gibt die Artemis, die Medea, Jason, den heiligen Sebastian und eben Eustachos).

»Wach auf«, dieser wie nebenbei gegebene Befehl, weist deutlich hin auf all den Aufwand an Wissenschaft und Überlieferung und Philosophie, den andere schon mit ihm getrieben haben, doch gleichzeitig holt er die Persona aus dem musealen Rahmen, entstaubt sie gründlich. Was für eine Überschrift – diesen Text muss man einfach lesen.

Zahlreiche »Wilderer«-Texte akzentuieren Erwachen und »Alltag« der Novak-Liebe, »wach auf Eustachos« gehört hier noch zu den Gedichten über die erste Verliebtheit, obwohl man mit Novak-Vorkenntnis in der Tatsache, dass das Ich der Natur wesentlich näher als dem Geliebten geschildert wird, schon einen Splitter sehen kann, der den kommenden Riss verursacht.

In »baut er mir ein Haus«, dem Alltag zugeordnet, deutet sich das Zerwürfnis an, doch es ist noch nicht vollzogen.

Schließlich thematisiert sie den Verlust der Liebe in »gebrochenes Herz«, und wieder orientiert sich die Erzählende am Geschehen in der Natur:

> ist alles zu Windbruch gegangen
> das Meer steigt aus seinem tiefen Bett
> und wird uns Pilze Beeren versalzen

Die Sinne sind beschädigt, es schmeckt und riecht nicht mehr, der Mangel ist allgegenwärtig, die Reaktion körperliche Wahrnehmung: »die Fenster sind ein weißer Rosen- garten / das Feuer ist aus hab nicht nachgelegt / denn das Bett war letzthin kalt geblieben« (in: »keine Wärme kein Feuer«). Bilder des Winters vermischen sich mit repetierenden Elementen wie den mehrfach wiederholten Zeilen »und er will daß ich sterbe / und er will daß ich tot bin« (in: »Dezemberklage«), und dann wieder, zwischendurch, taucht erleichternd der typische schnoddrige Humor der Novak auf, die angenehme Selbstironie, die alles zu relativieren imstande ist, die verkündet: »meine Liebe umsonst die Tiraden umsonst« (in: »Monolog um vier«). Der »Abtransport unserer Liebesbriefe« wird kurzgeschlossen mit einer strapazierten Igelfamilie, die durch den Abend »wankt« (in: »Landnot«). Dann wieder überwiegt die Last des Scheiterns – gegen »dein Fernbleiben / dein Meutern deinen Verrat« (in: »konserviert«) wird buchstäblich angeschrien. Was hier zusammenstürzt, zerstört durch das ungeheure Ereignis des Verrats, ist nichts weniger als die gemeinsam aufgebaute Ordnung; brisant ist das und todtraurig, weil die Novak es nicht für nötig hält, die Katastrophe schönzureden. Das Wort »Verrat« fällt schwer, gerade weil Schuldzuweisungen ansonsten kaum vorkommen. Metaphern finden sich auch hier keine, im Gegenteil: Wenn es um verletzte Gefühle geht, so wird »Verletzung«, wie so vieles, sogar so wörtlich genommen, wie es bei der konventionellen Nutzung gar nicht mehr mitgedacht wird.

Duell

der Wald steht hinter unserm Bett
und hält eine Lichtung
bereit für das Duell zweier Kugeln

Liebe und Versehrtheit, Liebe und Verrat, Liebe und ihr Tod, Liebe als Erinnerung, Liebe und Zerstörung – das sind Variationen des Unglücks, die durchdekliniert werden. Und doch gibt es einen Trost, und der liegt wieder in der Natur. All die Vergleiche mit den Tages- und/oder Jahreszeiten, dem Vergehen und Sterben von Pflanzen und Tieren relativiert die menschliche Unzulänglichkeit im Umgang miteinander, so etwa im »Monolog um vier«:

einer der weggeht hat hinten rote Augen
der andre das Nachsehn
der schwarzen Katze gehen die grauen Haare aus

Oder, in »Brief an Koladoghbe«:

das Harz das im Mai
aus der Kirschbaumrinde quoll
zergeht wieder unter meinem Gaumen
du erinnerst dich
an die Schattenmorelle vor unserm Fenster
der Geschmack hat nachgelassen

Ebenfalls als ein Duell in Sachen Liebe lässt sich der »Paten«-Zyklus lesen. Ursprünglich verteilt im Gedichtband *Legende*

Transsib von 1985, bilden die vierzehn Texte zusammengenommen, ganz untypisch für die Novak'sche Liebeslyrik, eine Erzählung mit Chronologie und einer Entwicklung der Erzählerin. Es ist die Ballade einer abhängigen Liebe, die da erzählt wird, einer Liebe also, wie sie noch heute ein strafrechtlich verfolgtes Tabu darstellt: Beschützer und Schutzbefohlene kommen füreinander nicht in Frage. Hier jedoch wird die Grenze eingerissen. Am Anfang beobachtet das lyrische Ich den Paten noch mit Skepsis, wenngleich mit Dankbarkeit. »ein Betreuer paßt auf«, steht da. Aber auch: »gibt es den Betreuten noch – er lebt«. Bald setzt »der Betreute« beziehungsweise das lyrische Ich sich, indem es selbst anfängt, sich Notizen zu machen, mit dem unentwegt seine Berichte verfassenden Paten auf eine Stufe. Die komplexe Beziehung ist in der Kunstwelt einer mehrtägigen Zugfahrt angesiedelt. Die Natur bleibt ausgeschlossen. Der Zyklus steht singulär da: Nach dem großen Verabschieden der Liebe und dem Alleinsein in der Wildnis bedeutet er den letzten Abschied an die anscheinend zivilisierten Verhältnisse.

In »Artemisleben« dann schildert Helga M. Novak die große, vollkommene Liebesgeschichte, die ganz unversehrt von menschlichem Versagen besteht. Es gibt ein alleiniges Weiterleben, und dieses Weiterleben muss nicht ohne Liebe auskommen. Das Gefühl Liebe – zuletzt ist es ein übermächtiger, wertvoller Instinkt, und das lyrische Ich wird zu Artemis, der Göttin der Jagd, die ihre eigenen Wälder, ihr Revier, durchstreift. Hier findet sich auch das oben vorgestellte Gedicht »Häuser«. Artemis lebt weiterhin in Liebe, die Liebe ist nicht nur als museale Erinnerung da, sondern sie wird intensiv weiter erfahren. Die Liebe zur Natur kann für sich allein stehen, Trost spenden und Geborgenheit. Ja, natürlich gibt es Liebesgedichte, in denen ein menschliches Gegenüber nicht zwingend vonnöten ist.

Wo Ingeborg Bachmann im Scheitern ihrer Liebesutopien, wenn sie die mythische Rede nutzt, im nihilistischen Raum bleibt – siehe ihr berühmtes Prosastück »Undine geht« –, so wird hier eine neue Lebensart beschrieben und gefeiert: Helga M. Novak erweist sich nicht zuletzt in diesem konsequenten Weiterentwickeln ihrer Liebesutopie als ebenbürtige Antipodin ihrer großen, zu früh verstorbenen Kollegin.

»Artemis ist ein Tier«, heißt es einmal radikal (in: »Orgie allein«). Wieder ist der Wald Spiegel und Maßstab, auch für die eigene ungelebte Sexualität: »ohne Enthaltsamkeit ist kein Wildjagen / der ganze freie offene Wald ein Kloster«. Ja, alleine ist sie, mit allen Abstrichen, ihr Lager hat »Dellen und Dornen«, aber es sind solche, »die halten mich hellwach für meinen Traum« (in: »alleine«). Man verpasst den Nerv der Novak-Liebe, wenn man überliest, dass diese Einsame »hellwach« ist, dass ihre schiere Präsenz das Lebensglück als solches feiert. So schön und so stolz und so wenig wehleidig hat kaum eine Verlassene gelebt.

Es scheint für Helga M. Novak einerseits den letztendlichen Schrecken darzustellen, dass all der Liebesaufwand doch nichts nutzt, dass es gilt, allein zu bleiben. Und dennoch ist hier, wie Hans Blumenberg es begrifflich fasste, Mythos nicht der urtümliche Schrecken an sich, sondern er stellt das erste Mittel dagegen dar. Handeln, Kämpfen, ja auch Rache stehen gegenüber Gefühlen von Wut und Ohnmacht. Man erinnere sich: Als Artemis' Lebensgefährtin, die Nymphe Kallisto, von Zeus beschlafen worden war, verwandelte Artemis sie aus Wut in einen Bären. Ingeborg Bachmanns zweiter und bereits letzter Gedichtband hieß: *Die Anrufung des großen Bären*. Auf der einen Seite des Lyrikolymps steht die Sängerin Bachmann, auf der anderen die Verwandlerin Novak; die Lyrikgötter können sich glücklich schätzen.

Wo Ingeborg Bachmann zuletzt für sich den ganz großen

Zweifel in allerpoetischster Sprache benennt und in »Keine Delikatessen« schreibt: »Soll ich / eine Metapher ausstaffieren / mit einer Mandelblüte? [...] Aug und Ohr verköstigen / mit Worthappen erster Güte«, so hat die Novak nach der Energie für ihre Lyrik sowieso niemals in der Feinkostabteilung gesucht; bei ihr gibt es einfache Genüsse wie »Wein / Reibkäse und Oliven« (in: »Alltage«). Das passt zum Artemisleben.

Mit »Artemisleben« hat sich die Novak ihren eigenen Mythos geschrieben, der ist atavistisch und zugleich radikal modern, ist singulär, abnorm, er trägt etwas entschieden Verrücktes in sich, ist kindlich und erwachsen zugleich. Gleichzeitig schließt sich ein biografischer Kreis: Von der gezwungenermaßen gelebten Einsamkeit des Kindes ist sie in eine andere, selbst gewählte übergegangen.

dieser Wald

> dieser Wald Traum meiner Kinderjahre unentwegtes
> Gehen
> [...]
> mein Obdach und meine Verwilderung
> dieser Wald setzt mich in Brand schon knistert
> meine Haut ich laufe herum wie das Echo vom Feuerstoß
> dieser Wald in dem ich nie alleine bin mit meiner
> heilsamen Einsamkeit dieser Wald aus Jagen und Revieren
> der sich hinzieht wie alte Liebe [...]

Helga M. Novaks Geschichte ist, in ihrer Konsequenz durchlebt und durchlitten, eine Tragödie mit einem – für ihre Leser – guten Ende.

(2010, überarb. 2015)

Die Sonntage des amerikanischen Mädchens
Über Lars Gustafsson

Seit wir umgezogen sind, haben wir einen Wintergarten, in dem ich die Sonntage bei weit geöffneten Fenstern lesend verbringe: Man ist drinnen und draußen zugleich, nutzt den bequemen Sessel, hat die Teekanne in Reichweite und hört doch, jenseits der Efeuranken, die Vögel singen. Sogar die Renovierungsarbeiten im ersten Stock machen sonntags Pause, und zum ersten Mal überhaupt kann ich diesem Tag, an dem mich sonst so oft die verdruckste Stille der Städte, die vernagelten Schaufenster und die angespannten Sonntagsmienen der Mitmenschen störten, etwas abgewinnen. In unserem neuen Viertel, das streng genommen kein »gutes«, aber ein aufregendes ist, tragen die Leute sonntags ihre schönsten Seidenballon-Jogginghosen, die Dönerbuden haben geöffnet, und auf der Straße spielen die Kinder im Dreck wie sonst auch. Für meine Sonntage habe ich immer besondere Bücher ausgesucht, selten Krimis, oft kurze Formen; Essays. Und natürlich Lyrik.

Die Sonntage des amerikanischen Mädchens – an diesem Titel hätte ich in der Buchhandlung nicht vorbeigehen können, auch wenn er nicht von Lars Gustafsson gewesen wäre. Aber er ist von ihm, und das Buch entpuppt sich nach ein wenig schmökernd im Wintergarten verbrachter Zeit als wunderbare Verserzählung – es ist, wie ich finde, einer der schönsten Gedichtbände für diesen Sommer.

Dabei wurde der schwedische Dichter zu dem in zehn

Kapitel, zehn »Sonntage« gegliederten Buch, das wieder Verena Reichel für den Hanser Verlag übersetzt hat, durch eine unaussprechlich grausame Geschichte angeregt. Bereits im Jahr 1999 las er in der Zeitung, dass in Austin, Texas, ein allein lebendes junges Mädchen an einem Sonntagmorgen gerade dabei war, sein Auto zu waschen, als es von zwei Männern entführt, vergewaltigt und ermordet wurde.

»So brutal und so ohne Resonanz verschwand dieses Mädchen aus der Welt, dass ich schon an dem Tag, an dem ich die Zeitung las, fühlte, dass ich ihr auf irgendeine Art eine Stimme geben musste«, schreibt Gustafsson in seiner kurzen Nachbemerkung zur Entstehung des Werkes.

Das lange Gedicht – es sind gut neunzig großzügig bedruckte Seiten – schrieb er erst Jahre später, die Meldung war schon fast vergessen. Gustafssons Text braucht diese Länge, denn es wird nicht einzig ein vergangener Augenblick evoziert, nein, es ist ein ganzes Leben, dessen Verlust mit den Mitteln der Poesie betrauert wird. In seinen Tübinger Poetikvorlesungen im Jahr 2005 hat Gustafsson darauf hingewiesen, dass bei kurzen Gedichten weniger deutlich bemerkbar ist, wie sie der Gewalt der Zeit unterworfen sind, wenn sie sich beim Lesen entfalten. Wir kennen das von öffentlichen Lesungen. Oft sind Gedichte schon beendet, kaum haben sie angefangen, und die Leser, die als Zuhörer still sitzen, sind auf diese Weise daran gewöhnt, dass das Gedicht lediglich jenen kurzen Moment andauert, an dem man mit höchster Konzentration lauscht. Wenn diese Zeit überschritten wird und es auf einmal noch weitergeht, ist der Lesungsbesucher hingegen oft irritiert; es tut sich vor ihm die Möglichkeit auf, der Dichter fahre fort und fort zu sprechen, sein Gedicht könnte gar unendlich sei. Gustafsson ist daher zu dem Ergebnis gekommen, es sei dringend wichtig, dass ein langes Gedicht sich gegen seine eigene Länge verteidige: »weil sie rasch eine Belastung darstellt«, sagt er. »Wie lange Brückenkonstruktionen, brauchen lange Gedichte Anordnungen, die das Gewicht verteilen. Der Poet muss mit der oder gegen die innere Zeit des Gedichts spielen, also gegen das Vergessen, das er nicht vergessen, aber doch manipulieren kann.«

Um die Zeit, in der er in Tübingen seine Poetikvorlesungen hielt, nahm er sich auch das Thema des Sonntagsmordes wieder vor und begann, den 1999 begonnenen lyrischen Torso zu bearbeiten. Wie ist dieses lange Gedicht gemacht? Als Brückenpfosten benutzt Gustafsson eine Zeiteinheit: die einzelnen »Sonntage«. Die Gliederung bedeutet eine Wiederholung, ein prosodisches Muster, das den Schrecken des einen, letzten Sonntags noch schockierender werden lässt. Die »normalen« Sonntage, die Alltagssonntage vor dem Tag des Mordes, waren weder gut noch schlecht, das Mädchen begutachtete sich im Spiegel, trank Gesundheitstee, reflektierte das Verhältnis zu seinem Vater. Es sind allesamt betörende Skizzen, und selbst dort, wo es um Angst oder Einsamkeit geht, wird noch die Schönheit des Alltags gepriesen, das Leben gefeiert. Das Mädchen hat so viele Fragen an alles und jeden, wie sie nur jemand hat, der die Welt unermesslich liebt. Selbstkritisch ist sie auch. Freitagabend ist sie beispielsweise froh, dass die Woche ohne größere Ereignisse vorbeigeht und das arbeitsfreie Wochenende kommt, aber gleichzeitig überlegt sie: »Ist Zeitvertreib nicht / eine sündige Handlung wenn es so wenig von dieser Ware gibt, Zeit, die vertrieben werden soll?«

Unverkennbar behandeln die Empfindungen des Mädchens gedankliche Probleme, die den Schriftsteller Gustafsson interessieren, etwa die prinzipielle Unlesbarkeit der Welt, die thematisiert wird, wenn das Mädchen allein durch die Bibliotheksgänge streift, durch Regalsysteme und »Hunderttausende von Büchern«: »Alles eine einzige gewaltige Mauer /

von Unbegreiflichkeit, die gelesen werden will, / obwohl sie unbegreiflich ist. / Das ist tatsächlich wahr.«

> Kilometer von Titeln
> bei denen man nicht einmal weiß, welches Alphabet
>
> man auf den Rücken dieser Bücher sieht.
> Seltsame Ketten von Zeichen,
>
> ein paar davon richtig lang, Ketten, die
> etwas davon ahnen lassen können, wie rätselhaft,
>
> wie kühn und übermütig dieses Spiel
> für immer bleibt: das Alphabet, das zu Wörtern wird,
>
> und Wörter, die zu Sätzen werden, lauter Teile
> die sich scheinbar leicht ineinander verhaken wollen.

Man kann sich an solchen Stellen fragen, ob da nicht viel dazuerfunden wurde, ob dies nicht Vereinnahmung des Mädchens durch den Lyriker, seine Sprache und Intelligenz bedeutet. Hat die junge Frau überhaupt in einer Bibliothek gearbeitet? Es erscheint zu schön, um wahr zu sein.

Wenn man Lars Gustafssons Konzept der Autorschaft betrachtet, erübrigen sich solche Fragen allerdings rasch. Dieses Konzept stammt aus den für die Lyriktheorie so entscheidenden sechziger Jahren und hat beispielsweise auch die große dänische Dichterin Inger Christensen entscheidend beeinflusst. Gustafsson glaubt nämlich – siehe der Aufsatz »Die Maschinen« (1967) im gleichnamigen, von Hans Magnus Enzensberger übersetzten Band – daran, dass »unseren Worten und unserm Sprechen etwas Mechanisches und gleichsam Unpersönliches anhaftet, als wären wir nicht die, die unsere

Gedanken hervorbrächten, sondern als dächte die Sprache in uns und als liehen wir bloß einer größeren, unübersehbaren sprachlichen Struktur unsere Stimme, die uns durchwüchse, so wie in einem parasitären Pilz das Myocel die Wirtszellen durchdringt«. Verblüffend selbstverständlich ist es, wie die Worte in uns leben, »wie ein sich dauernd veränderndes Meer oder eine endlose Melodie, die unser Bewusstsein füllt und aus der wir Bruchstücke fischen«. Die Poesie entsteht aus unendlicher Fülle, von allen gemeinsam wird eine Erzählung von der Welt immer weiter geschrieben. So kann auch ein älterer schwedischer Dichter sich in ein junges amerikanisches Mädchen verwandeln, indem er mit höchstem Sprachtalent die richtigen, die entscheidenden Worte aus dem unendlichen Fluss fischt. So hat das Buch etwas Versöhnliches, Tröstliches: denn am Ende wird dem Mädchen der Wunsch erfüllt: »Ein Buch, für mich geschrieben, das nur mein Leben enthält. Nicht nur / jenes, das ich gelebt habe, sondern mein ganzes Leben.« Das uralte Paradox der Dichtung klingt hier an: das Unendliche zu zeigen – im Augenblick. Das namenlose junge Mädchen ist kein Opfer mehr. Als ich aufhöre zu lesen, ist draußen immer noch gleißender Sonntagnachmittag. Die neuesten Mercedes-Modelle der Nachbarn funkeln frisch gewaschen im Licht. Hier putzt niemand seinen Wagen selbst. Man fährt ihn in die Waschanlage.

(2008)

Jahrmarkt mit Sechsbeiner
Über Charles Simic

Charles Simic
Jahrmarkt
 für Hayden Carruth

Wenn du den Hund mit sechs Füßen versäumt hast –
Macht nichts!
Wir sahen ihn, und er lag schlaff in der Ecke.
Und was die überzähligen Beine angeht,

man gewöhnte sich schnell daran
und dachte an etwas anderes.
Zum Beispiel, dass es zu kalt und zu dunkel
für einen richtigen Jahrmarkt war.

Dann warf der Wärter einen Stock,
und der Hund apportierte
auf vier Beinen, die andern schleppte er nach,
worüber ein Mädchen sich halb totlachen wollte.

Sie war betrunken und der Mann auch,
der sie dauernd im Nacken küsste.
Der Hund holte den Stock und sah uns an.
Das war alles.

Wo befinden wir uns hier? Der Überschrift nach auf einem »Jahrmarkt« – aber auf was für einem! Nicht nur, dass es auf diesem Rummel einen sechsbeinigen Hund gibt, nein, es macht anscheinend auch nichts, wenn man ihn versäumt hat. So jedenfalls behauptet es das »lyrische Ich« kumpelhaft-tröstend dem Leser gegenüber. Das ist durchaus im Wortsinn merkwürdig. Der Rest des Jahrmarktgeschehens erscheint dagegen geradezu banal: Jemand wirft ein Stöckchen, der Hund apportiert, es gibt ein betrunkenes Liebespaar, das sich über die ganze Sache »totlacht«. Aber wer ist der merkwürdige »Wärter«, der hier den Stock wirft?

Wo befinden wir uns eigentlich, wenn zwar der Titel von einem »Jahrmarkt« spricht, aber kurz darauf vermeldet wird, dass es eigentlich »zu kalt und zu dunkel / für einen richtigen Jahrmarkt war«? Nun, wir befinden uns in der verfremdenden Welt des großen amerikanischen Dichters Charles Simic, der nicht nur die Gabe hat, fast jedes herkömmliche Ding und jede alltägliche Situation auf eine Weise zu beschreiben, dass darin das Wunderbare sichtbar wird, sondern auch ganz eigene, einzigartig traumhafte Elemente in die Wirklichkeit einzubauen vermag. Mit anderen Worten: Wir befinden uns im Herzen seiner Dichtkunst, deren Arbeit, wie er es selbst formuliert, darin besteht, »durch die Sprache Wege zu finden, auf das hinzuweisen, was nicht in Worte gefasst werden kann«. So gesehen ist eine Zeile wie »man gewöhnte sich schnell daran« auch als latente Kritik zu lesen: He, wieso eigentlich gewöhnt man sich an alles so verdammt schnell? Wieso akzeptieren wir alles? Wieso stumpfen wir ab?

Simic, 1938 in Belgrad geboren und 1954 in die Vereinigten Staaten gekommen, wo er in englischer Sprache zu schreiben begann, hat von seinen Anfängen an mit dem Surrealismus geliebäugelt. Scharfsinnige Traumlogik kennzeichnet auch sein Gedicht »Jahrmarkt«.

Im Zusammenspiel mit seiner sehr speziellen, beiläufig-saloppen Idiomatik, die Enzensberger sehr treffend im Deutschen nachempfindet, gelingt es ihm in diesem Gedicht tatsächlich, am Rande der Möglichkeiten von Sprache zu operieren. Indem er das eigentlich Unmögliche schafft und dem Leser den gegenwärtigen Augenblick wie durch eine zeitliche Dehnung über mehrere Strophen des nur sechzehn Zeilen langen Gedichts bewusst macht, jenen »langen« Moment, »den Sprache, eingesperrt in die zeitliche Ordnung des Satzes, nicht wiedergeben kann«.

So muss man vielleicht auch nicht weiter fragen, wofür der erwähnte Wunderhund denn steht, ob er überhaupt einer ist oder doch eher ein bedauernswertes, behindertes Tier, da es die zwei überflüssigen Beine ja nur nachschleppt. Alles passt in Simics Jahrmarktswelt so gut zusammen, dass dem Leser der einzelne Gedankensprung so schlicht und natürlich vorkommt wie der nächste Schritt über eine Brücke. Vielleicht ist der Hund nichts weiter als das Symbol eines melancholisch verzauberten Abends; vielleicht besteht die Arbeit des Dichters darin, Worte wie Stöckchen herbeizutragen und mit ihnen eine verwunschene Welt zu erschaffen, die es mit der Intensität des gelebten Augenblicks aufnehmen kann. Simic zeigt uns, wie die Sprache uns sehen lehren kann; er ermöglicht uns schlicht das Träumen mit offenen Augen.

»Etwas erschaffen, das noch nicht existiert, aber nach seiner Erschaffung so aussieht, als hätte es immer schon existiert«, so benannte Simic in einem Essay (»Wunderbare Worte, stille Wahrheit«) eines seiner poetischen Ziele. Und er schrieb, er wolle »einen eigenen Begriff von Bedeutung [...] entwickeln, eine eigene Idee dessen, was authentisch ist. In unserem Fall ist es das Prinzip der Ungewissheit.« So ein Prinzip kann dann eben auch mal sechs Beine haben und ein Hundeherz und durch eine Spuknacht galoppieren. Und am

Schluss kann es auch in ein Bild unvermuteter Einheit gefasst werden: »That was the whole show«, so heißt es im Original. Enzensberger gerät der Satz in seiner Übersetzung noch knapper: »Das war alles.«

(2014)

Viel Science-Fiction spielt dort
Über Les Murray

Les Murray
Die Zukunft

Es gibt nichts über sie. Viel Science-Fiction spielt dort,
sagt aber nichts über sie. Prophezeiung sagt nichts über
                                                                                        sie.
Sie beeinflußt keine Schafgarbenstengel. Und Kristall ist
                                                                            ein Spiegel.
Sogar der Mann, den wir als Ausguck an einen Baum
                                                                              nagelten,
hat wenig darüber erzählt; er sagte uns, das Böse sei im
                                                                          Anmarsch.
Wir sehen, so die Konvention, ein lebendes Stückchen
                                                                               hinein,
doch selbst das ist eine Projektion. Und all unsere
                                                                  Projektionen
krümmen sich nicht, wo sie sich krümmt.
                                                 Sie ist das schwarze Loch,
aus dem keine Strahlung zu uns entkommt.
Die alltäglichen und großartigen Wege unseres Lebens
führen uns ein Stück durch Stadtbild und Landschaft
oder fallen steil ab, voll Geröll, bis hin zum jähen Sturz,
wo all das sein wird, was wir je dorthin schickten,
verdichtet, wirbelnd – außer uns vielleicht, um es zu
                                                                             sehen.

Man sagt, wir sehen den Anfang.
                    Doch von hier herrscht Blindheit.
Der hohe Schlund, der unsere Gegenwart verschlucken
                              wird,
macht uns blind für die normale Sonne, die man sich
                         vorstellen kann,
wie sie auf der anderen Seite ruhig weiterscheint, für
                              andere
in ihrem gewohnten Alltag. Einen Tag, für den all unsere
                              Portraits,
Ideale, Revolutionen, Jeans und Negligés wunderlich
herzzerreißend sind. Diese Leute zu sehen ist unmöglich,
sie zu begrüßen rührselig. Trotzdem beginne ich:
»Als ich noch lebte –«
              und ich blicke mich um
und sehe auf einmal ein fröhliches Picknickfest,
die Frauen dezent beinlos, in Musselin und Hand
                              schuhen,
die Männer mit Bart und Weste, mit ihren langen
Stumpen und den etwas feineren Segeltuchhosen,
sie entspannten sich auf einer Steinveranda. Ceylon,
                         oder Sydney.
Und schon beim Hinsehen weiß ich, sie sind gänzlich
                              fort,
ein jeder an seinem Tag, mit Kissen, Fläschchen, dem
                              Nebel
und all den Zukünften, von denen sie träumten, die sie
                              handelten,
hinabgegangen zu dem Schlund, auf den alles zugeht;
mit dem Mann am Baum verschwanden sie in der
                              Zukunft.

Dieses Gedicht mit dem genauso abstrakten wie vielversprechenden Titel »Die Zukunft« fällt auf im lyrischen Werk des Dichters Les Murray. Der Australier ist ansonsten nämlich dafür bekannt, sich den großen Begriffen zu sperren und die kleinen, alltäglichen Ereignisse zum Thema zu machen. So bedichtet er etwa das Vergnügen, unter der Dusche zu stehen (»Dusche«), im Sommer in kurzen Hosen herumzulaufen (»Der Traum, für immer Shorts zu tragen«), oder versetzt sich, halb heiter, halb anklagend, in die Gedankenwelt der Kühe kurz vor dem Schlachten (»Die Kühe am Schlachttag«) – überhaupt sind es oft die Details des Landlebens, die der 1938 in Bunyah, New South Wales, aufgewachsene Farmerssohn kennt und beschreibt. Und nun also ein Gedicht, das nichts Geringeres als »Die Zukunft« verhandelt? Eines, das dermaßen lapidar beginnt: »Es gibt nichts über sie. Viel Science-Fiction spielt dort«.

Mir ist es beim ersten Lesen so vorgekommen, als winke der Autor desinteressiert ein ganzes Genre durch, und beinahe hätte ich mich auf die Seite jenes einflussreichen *New York Times*-Kritikers gestellt, der 2012 zum amerikanischen Erscheinen des Bandes, in dem sich »The Future« befindet, urteilte, abstrakte Themen lägen Murray eben einfach nicht. Aber etwas irritierte mich doch in diesem drängend voraneilenden, strophenlosen Text.

Da steht dieses seltsam verstörende Bild von einem Picknick im Zentrum. »Dezent beinlose« Frauen und bärtige Männer, deren Kleidung altmodisch erscheint, sitzen auf einer »Steinveranda«, die es auch heute so geben könnte, beisammen, und zwar in in »Ceylon, oder Sydney«. Und dann lässt Murray noch diese traumartig verschwommene Anordnung in ihre Einzelteile zerfallen. Die Personen und die ihnen zugeordneten Gegenstände – Kissen, Fläschchen und was auch immer an merkwürdigem Repertoire der Zivilisation dem Dichter noch einfällt – in ihre separaten, einsamen »Zukünfte«.

Nein, dieses Gedicht spricht nicht wirklich von dem, was kommt, sondern vielmehr von der Unmöglichkeit aller menschlichen Versuche, in der Lotterie der Einfälle zum Thema wirklich *den* Treffer zu landen. Es ist Respekt, der den Blick des Lyrikers angesichts dieses Themas bestimmt. Oder mehr: es ist Angst.

Dies macht das Gedicht für mich so gewagt, ehrlich und faszinierend. Es scheint, als sei es nicht weniger als die urmenschliche Angst des Menschen vor dem Morgen, die den Lyriker zu diesem Vorführen von Abbrüchen, Grammatik-»fehlern«, Zeitschleifen führt. Die Suche nach Beruhigung und Sinnstiftung ist es, die das lyrische Ich hier stellvertretend für viele von uns veranlasst, sich aus einer Perspektive des Futur sein eigenes Leben zu erzählen. Eine, wir er sofort zugibt, absurde und von vornherein zum Scheitern verurteilte Anstrengung: »Trotzdem beginne ich: ›Als ich noch lebte –‹«.

Aberglauben und Religion werden aufgerufen und als mehr oder weniger nutzlos verworfen: Kristalle sind auch nur Spiegel, und »der Mann, den wir als Ausguck an den Baum nagelten«, gibt nichts weiter ab als die schlechte Prophezeiung, das Böse werde kommen – dies sagt, nebenbei, ein Dichter, der sich als gläubiger Katholik definiert. Die Nichtfarbe Schwarz dominiert, vom »schwarzen Loch« ist die Rede, dem »schwarzen Schlund« gleich zweimal. Es ist mutig und ein wenig stur, jeden Satz wie eine Escher-Spirale ins Nichts laufen zu lassen. Der Leser fühlt sich bedrängt, in einer Zeitschleife gefangen und bekommt wieder etwas von jener Panik vermittelt, wie sie Kinder, wenn sie das erste Mal vom Tod hören, empfinden.

Ist also gar keine Erlösung in Aussicht? Doch sicher, aber sie liegt, wo auch sonst, im Heute. Da gibt es immerhin eine

Stelle, in der der Dichter eine heiterere Gemütsverfassung wenn schon nicht bestehen lässt, so doch aufruft. Und zwar dort, wo er »die alltäglichen und großartigen Wege unseres Lebens« benennt, die es zu beachten gilt. Sie führen uns zumindest »ein Stück« durch »Stadtbild und Landschaft«. Und selbst wenn es auch da keinen »Sinn hat«, sie »weiter zu denken«, denn weiter vorne herrscht »Blindheit«, so erwähnt er doch den Augenblick, in dem jeder durch sie gehen darf. Es scheint allerdings, als wäre der Autor selbst ein wenig verärgert über seine banale Einsicht, die doch der einzige Ausweg ist, weiterzumachen.

Murray, 1938 geboren und durch stetige Lesereisen inzwischen weltweit auch *in persona* bekannt, hat mehr als zwanzig Lyrikbände veröffentlicht, in denen er seinen Lesern Lust am Leben macht wie kein Zweiter. Dieses Gedicht ist anders, und doch lauert im Hintergrund des Schreckens die Weisheit, die Sonne sei eben nur mal kälter als sonst, spiele Verstecken. Wenn man schon nicht »der Zukunft« traut, dann gibt es das Jetzt, und das ist in allen seinen Widersprüchlichkeiten unendlich schön. Im Sommer Shorts zu tragen ist herrlich, zu duschen, Tiere zu beobachten, Beefsteak zu essen. Und dann auch wieder andere Gedichte zu lesen, solche, die utopisch und heiter sind, mit den Zeilen und Zeiten tanzen. Ein wenig falsch sind sie immer auch: zu bravourös, um das Leid des kreatürlichen Lebens so zu zeigen wie dieses.

(2015)

Aller Orte kältester
Über Wolfgang Hilbig

Wolfgang Hilbig
bahnhof

grau grau graues durcheinander
von wo kein zug abfährt wo ein riesiger rabe
sich schwarz zwischen die schienen setzt
bahnhof das ist aller orte kältester nachts
schläft niemand

seht unsre gesichter vom laster zerfetzt und
wenn der bahnhof abfährt seht uns trinken
gefangenschaft trinken aus schmutzigem glas
trinken bis der teufel kommt sprechen
zu keinem und alternd noch immer uns wundern
über die gedanken des zerrauften haars

sommer winter jahrhunderte kommen vorüber
uns berühren sie nicht seht uns verweilen
im rauch der rasenden wartesäle einmal
weinen ein paar mal lachen und lauschen
wenn vor dem fenster ein betrunkner
wie verrückt einen namen schreit

Im Nachhinein besitzt das 1979 veröffentlichte Gedicht »bahnhof« geradezu prophetischen Charakter. Als zwanzig

Jahre später Wolfgang Hilbigs kaum verschlüsselter autobiografischer Roman *Das Provisorium* erscheint, erinnern Passagen des Textes überdeutlich an das frühe Gedicht. Wolfgang Hilbig beschreibt in dem Roman, wie sein namenloses Alter Ego sich an Bahnhöfen trinkend in einen Zustand versetzt, der so exaltiert ist, dass »der teufel [...] sprechen [kommt]«.

Schon von Beginn an zeichnete sich der 2007 gestorbene Dichter, der nach seiner Einreise in die Bundesrepublik 1985 rasch sehr bekannt wurde, durch seine Fähigkeit aus, die komfortable, allgemein »realistisch« genannte Wahrnehmung in ihre Einzelteilchen zu zerlegen, bis man in einen Abgrund blickt und sich fragt, was dort gerade noch vor einem gewesen sein mag. Er tut das so leicht, als löse er eben schnell ein Puzzle auf. Gleichzeitig wirkt er dabei zerstörerisch: weil das Bild verloren ist und alles noch einmal völlig neu zusammengesetzt werden muss.

Das Gedicht in drei Strophen setzt ein mit solch einer anscheinend realistischen Zeile: »grau grau graues durcheinander«. Höchstwahrscheinlich ist damit der alte, riesige Leipziger Kopfbahnhof in der ehemaligen DDR gemeint, der inzwischen zur bunt glitzernden Einkaufsmeile umgerüstet wurde. Hilbig stammt aus der Nähe dieser Stadt, er wurde 1941 in Meuselwitz geboren. Aber es ist müßig, darüber zu spekulieren, denn schon der Zeilensprung zur zweiten Zeile ist nicht weniger als eine beispielhafte Übung, wie der Übergang in die Sphären von Traum und Unwirklichkeit zu schaffen ist: Dieser Bahnhof ist einer, »von wo kein zug abfährt wo ein riesiger rabe / sich schwarz zwischen die Schienen setzt«. Statt eines großen Zuges also ein Rabe, ein Märchentier. Oder kann man dabei an eine dieser alten, schwarzen Dampfloks denken? Der Leser befindet sich auf einer Zeitreise, in einem undatierten Albtraum. Und die waren Hilbigs Spezialität.

Im Gedicht »bahnhof« verraten die vierte und fünfte Zeile, dass niemand schläft und es eiskalt ist. In der folgenden zweiten Strophe wird es noch unheimlicher: Das Personal des Textes, ein geheimnisvolles lyrisches »wir«, trinkt »gefangenschaft« aus »schmutzigem glas« und ist sich seiner Distanz von jeder gepflegt-bürgerlichen Lebensweise sehr wohl bewusst: »seht unsre gesichter vom laster zerfetzt«. Mit Schauder und Faszination folgt der Leser der Wahrnehmung dieses Geisterbahnpersonals, taucht mit ihm in immer tiefere Schichten der Halluzination ein. In der zweiten Strophe ist bereits genug getrunken worden, dass der »teufel kommt sprechen«. Die Existenz und alle Menschlichkeit sind bedroht, wenn Zeit und Raum sich aufzulösen beginnen, die Sinne nicht mehr kontrollierbar: »sommer winter jahrhunderte kommen vorüber«.

Das lyrische Wir, das sind die Verlorenen der Städte, jene Gestrandete, die an den Bahnhofstrinkhallen stehen, schwadronieren oder ganz stumm sind, die Dinge erlebt haben, gegen die ein paar Abschiede oder der Verlust eines Koffers, also alles, was den gesicherten Rushhour-Existenzen als dramatische Unterbrechung ihres Alltagseinerlei widerfährt, lächerlich wirken. Es sind Dinge, mit denen ein gewöhnlicher Bahnhofspassant nichts zu tun haben möchte. Hilbig behauptet und beweist, dass man ihnen näher ist, als man denkt. Wie schnell man in die Unsicherheit fällt, ins Bodenlose. Einen Zug zu verpassen kann ein Leben entscheiden. Als Anlaufstelle bleiben dann Kioske, an denen Bier und Schnaps zu haben sind.

Bei all der Folgerichtigkeit des Textes erscheint Formales fast nebensächlich, etwa, dass das Gedicht ungereimt und durchweg kleingeschrieben ist – Letzteres wirkt heute längst nicht mehr so modern wie vielleicht noch in den Siebzigern, aber es unterstreicht das Drängende des Textes. Die Übergänge verwischen, und man hat den Eindruck, für den Schreiber wäre es auf diese Weise einfach schneller gegangen, die Zeilen loszuwerden. Am Ende des Gedichts wechseln dann »lachen« und »weinen« ab, und die letzte Momentaufnahme erscheint fast schon als erlösende Idylle: das ist, wenn »ein betrunkner / wie verrückt einen namen schreit«. So findet man sich am Ende der Lektüre – immerhin – zumindest an einem »ganz normalen« Bahnhof und in einer halbwegs bekannten, fast kanonisierten Tragödie wieder.

(2010)

Was im Verborgenen war
Über Karin Kiwus

Gedichte sind Flaschenpostbriefe durch die Zeit, sie werden manchmal vergessen, gehen im Strom der Tage und Jahre unter – bis einer die Flaschenpost herausfischt, sie herumzeigt und die Texte plötzlich wieder aus dem Meer der Veröffentlichungen herausragen und mit Gewinn gelesen werden. In Kiwus' glücklichem Fall war es der Verleger-Fischer Klaus Schöffling, der in *Das Gesicht der Welt* ihre gesammelten Gedichte aus dreißig Jahren herausbrachte. Und – man spricht ja gerne von der prophetischen Gabe der Dichter/innen – es erscheint, rückblickend, gar kein Zufall zu sein, dass drei der vier im »Gesicht der Welt« versammelten Kiwus-Bücher das Thema Zeit gleich ebenso spielerisch wie reflektierend im Titel behandeln, angefangen mit *Von beiden Seiten der Gegenwart*, ihrem ersten Buch von 1976 – das übrigens mit vier Auflagen zu den lyrischen Bestsellern der siebziger Jahre avancierte –, über *Angenommen später* von 1979 bis zu *Nach dem Leben*, 2006 erschienen.

Das Titelgedicht des Sammelbandes, »Das Gesicht der Welt«, beginnt mit der Beschreibung eines Requisits des Endes, einem »Todestuch«, um von da – ein paar Zeilen braucht die Autorin dafür nur – auf das »Leben davor« zu sprechen zu kommen:

> Ein Todestuch ist die Leinwand,
> ein siebenfach gespannter Schleier.
> Sandstürme, Staub von Verwesung,
> Lehm und Stroh haben sie grundiert,
> ein kleiner heftiger Regen, die Leere
> am Morgen und die aufgehende Sonne.
> Langmütig verharrt das Leben davor.

Es folgt eine bravouröse, sinnliche Beschreibung – in der Sprache der Kunst könnte man sagen: pastos, wie in Öl gemalt –, man sieht, wie Landschaften vergehen, Momente, Pflanzen, wie Körper hinter erleuchteten Fenstern »glühen«. Doch diese geradezu strenge und der Realität verpflichtete Vorgehensweise des detaillierten Beschreibens bedeutet bei Karin Kiwus nicht zwangsläufig, dass sie den Lesenden den Zugang zur Vision oder Offenbarung, die das Gedicht ja im besten Fall auch immer ist, verweigert.

Zuletzt gipfelt das Gedicht dann in einer abschließenden Frage, die sogar beantwortet wird:

> Was ist es, das verborgen war und nun
> offenbar? Alles ändert sich und bleibt doch.
> Das Auge, das sich verschließt und öffnet
> Der Erdball spiegelnd und transparent.
> Das Auge.

Wir sehen und hören: Kiwus' luzides Bewusstsein greift sich, quasi durch die Jahrhunderte tobend, die aufregendsten Kunstwerke, um sie neu zu entdecken. Sie arbeitet parallel dazu die Gleichheit des Menschenschicksals heraus. Das Sehen ist es, was den Menschen gegeben ist, das Beschreiben des Gesehenen und Vorgestellten: Damit lockt die Autorin ihr Publikum ganz langsam durch verschiedene Türen im

Gedicht, bis sie den Zugang zur Transzendenz sinnlich erfahren. Engel beispielsweise sind ja seit wenigen Jahren wieder sehr in Mode gekommen, ganze Fachzeitschriften widmen sich ihnen und den sinnsuchenden Käufern. Karin Kiwus, in ihrer eigenen Herangehensweise, schrieb bereits 2006 im Gedicht »Leonardos Engel«:

Dieser Engel am Ende, seht, er
verkündet nicht mehr, er schweigt,
und doch bedeutet er, das Lächeln,
der aufzeigende Finger, ein betörendes
unlösbares Rätsel zu kennen, jenes
über ihm und ihm über.

Diese kleine Wortumstellung ist großartig, hier scheint ihr die leichteste Verzauberung zu gelingen: »über ihm und ihm über« – was für eine Gedichtzeile.

Es geht dann, quasi ebenerdig und mit dem Humor, der alle Erkenntnis in der Kiwus-Lektüre grundiert, weiter, bis zum Schluss:

Wenn es denn
ein Engel ist und nicht
ein Porträt des Künstlers
als Agent
in geheimer Mission.

Immer wieder thematisiert Karin Kiwus in ihren Gedichten die Schönheit *an sich*, gebündelt, wie wir sie im Alltag, als Bildungsbürger, die wir nun einmal sind, nahezu täglich sehen: in der bildenden Kunst, ihren Gemälden, Statuen, Architekturen. Hier wählt sie oft einander ähnliche Masken des lyrischen Ichs. Als Studierende, Experimentierende – der

Zeit, der Kunst – lernen wir sie immer wieder kennen. Ihre Gedichte heißen: Korrektur, Versuch, Skizze, Etüde.

Bereits das Auftaktgedicht ihres allerersten Bandes *Von beiden Seiten der Gegenwart* ist überschrieben mit »Übung in freier Malerei«, und es ist weder zupackend noch forsch, weder unverfroren noch voller Reflexion, es kommt zögernd daher, mit der schlichten Eleganz einer hingeworfenen Skizze, von der nur der Meister weiß, wie viele weggeworfene Blätter davor nötig waren, damit sie gelang. Kiwus bekennt sich in solchen Gedichten, die sich mit der bildenden Kunst beschäftigen, nicht allein zu ihrer Unterwerfung unter die »Herrschaft der Sprache«, wie Seamus Heaney es einst formulierte, sondern unter die Kunst als Überlebensmöglichkeit und sinnstiftendes Moment schlechthin.

Übung in freier Malerei

Was wir hier zu Papier bringen können
ist natürlich nur eine Skizze
　　ein erster Entwurf
die zögernde Erfindung jedes einzelnen
　　seine Wunschvorstellung

Das lyrische Ich tritt erst in der zweiten Strophe auf:

Ich zum Beispiel
　　als eine Möglichkeit
　male mir das Abbild einer Wirklichkeit aus […]

So kommt Kiwus in dem immerhin drei Druckseiten langen Text – bitte nachlesen – über einen Pfirsichkern, die Begegnung in einem Park, zuletzt zur Strophe:

Und manchmal denken wir
  daß alles
    ganz einfach sein könnte
und manchmal wissen wir dann
  fast gleichzeitig
    überhaupt nicht mehr weiter

Ein zartes Finale, man sieht förmlich, wie die Dichterin den Stift weglegt. Schönheit, Begegnung, Momente des erlebten Glücks kommen und gehen. Das aus Gedichten gewonnene Glück wiederum ist ebenso wenig dauerhaft wie jenes von ihr beschriebene im Park des Lebens. Und doch: Obgleich stimmungshaft und anscheinend kurzlebig, geht es doch nicht für immer verloren, da es sich aus gegebener Zeit aus dem Archiv des Gedächtnisses wieder hervorholen lässt.

Es sind ernste Inhalte, die Kiwus anspricht, doch unabhängig vom Inhalt entsteht ein Gefühl der Freude, wenn der Gedanke sich in einer Form findet, die nur für ihn geschaffen worden ist. Versklang und Sinn der Worte gehen Hand in Hand, Widersprüche vertragen sich und steigern sich gegenseitig, und so wird beim Hören oder Lesen die Macht des gelungenen, Glück bringenden Augenblicks erlebbar.

Dichtung schafft ihre eigene Wirklichkeit, und es spielt keine Rolle, inwieweit ein Dichter, eine Dichterin, wieder mit Heaney gedacht, dem »korrektiven Druck seiner Zeit«, inwieweit er oder sie also sozialer, moralischer, politischer oder historischer Realität nachgibt, sich verweigert, mit ihr spielt – die höchste Pflichttreue hat den Forderungen und Versprechungen des künstlerischen Ereignisses zu gelten.

Karin Kiwus' kurzes Gedicht »Geniestreich« illustriert dies meisterhaft und lässt sich als ihre eigene, knappe Poetik lesen:

Geniestreich

Mit welchem Trick am Ende
hat er sich selbst aufgehoben
 dieser aussätzige
  zerlumpte Zauberer
mit welchem undurchsichtigen Wink
verwandelt er sich in eine Friedenstaube
 trunken und morgenrot
  vom Blut eines Dichters

Kein Fragezeichen am Schluss, obgleich in der ganzen wundersamen Geschichte ja wohl eine deutliche Frage steckt, nämlich jene nach der Individualität, dem Konsens, wann etwas Kunst darstellt und als solche gefeiert werden darf und muss – und wo der Leser dem vergnüglichen Bluff aufsitzt. Als Lektorin bei großen Verlagen, Rowohlt und Suhrkamp, die sie gewesen ist, mag die Dichterin hier ihre eigene Erfahrung in puncto »Geniestreichen« gemacht haben; wir haben es einerseits mit einer mutigen und klugen Dichterin zu tun, andererseits auch mit einer, zu deren lyrischer Vorgehensweise gehört, dass sie äußerst streng zu sich selbst ist, sich Selbstdisziplin auferlegt.

So erscheint es plausibel, dass Kiwus sich im *Gesicht der Welt* weniger an ihrer persönlichen oder gar privaten Geschichte abarbeitet, sondern, anhand ihrer Kunstwerke, ich habe es bereits erwähnt, an der Menschheitsgeschichte und ihren Konstanten, die sie dem Individuum als Korrektiv, als Maßstab seines Leids und seiner Freude, vor Augen hält.

Heute können wir darüber nur staunen. Wir leben schließlich in einer permanenten Verfügbarkeit sämtlicher Zeiten; einer Gegenwart, die sich aus Zeit-Elementen anderer Epochen geradezu eklektisch zusammensetzt – und wir überblicken häufig gar nicht mehr so recht, was »Jetzt« eigentlich bedeutet. Der Moment des Gedichts, der die totale Gegenwart beinhaltet, wird so zu einem Ereignis an sich, der noch so kurze Flaschenpostbrief Gedicht zur ewigen Minute.

Und wie beiläufig solche Texte erscheinen. Ja, in der Vermeidung der großen Geste legt die Autorin die größte Gewissenhaftigkeit an den Tag, die Stimmlage bekämpft den allzu hohen Ton quasi selbstständig; je größer die Themen sind, die Kiwus behandelt, desto mehr lässt sie die Bereitschaft erkennen, sich an die Seite derer zu stellen, die skeptisch sind in Bezug auf das Recht von Dichtung auf irgendeinen besonderen Status im allgemeinen Geschehen der Welt und den besonderen des individuellen Lebensschicksals.

Geradezu respektlos scheint etwa ihr Gedicht »Kunst und Leben« zu beginnen:

Die Sixtinische Madonna
zum ersten Mal im Original
gesehen und mich nur noch
gefragt warum denn
Raffael ausgerechnet
überlebensgroß
diese Weihnachtsoblate
abmalen musste die sowieso
keiner mehr ausstehen kann

Und noch im selben Moment fällt dem Lesenden, der alle Konventionen andächtiger Kunstbetrachtung gebrochen sieht, der erzählerische Kniff der Autorin auf: dass es sich hier um eine Weihnachtsoblate handelt, genau das haben wir ja Raffael zu verdanken, seine malerische Qualität hat die Madonna ja erst zu dem kulturellen Versatzstück gemacht, das sie nun darstellt. Präzise, lebensnahe Beschreibungen bei gleichzeitiger kluger, ja witziger Reflexion sind typisch für das Werk von Karin Kiwus.

Diese Figur der doppelten Brechung in *Kunst und Leben* von 1979 bedeutet doppeltes Risiko, da die Dichterin sich durchaus dessen bewusst ist, dass ihr Mut, ja sagen wir ruhig: ihre Forschheit missverstanden werden kann – im dritten Schritt darf man nämlich wieder glauben, dass die Kapelle, abgeliebt, wie sie von den Touristenströmen nun mal ist, diesem lyrischen Ich aus gesellschaftskritischem Impuls heraus dann doch nicht gefällt, gar nicht mehr gefallen kann, nach den Reproduktionen, die wir um sie herum geschaffen haben.

(2014)

Es muss ja nicht gleich sein
Über Doris Runge

Doris Runge
blind date

es muss ja nicht
gleich sein
nicht hier sein
zwischen tür und
engel abflug
und ankunft
in zugigen höfen
es könnte
im sommer sein
wenn man
den schatten liebt
es wird keine
liebe sein
jedenfalls keine
fürs leben

Dass Liebe blind macht für das geliebte Objekt, wissen wir seit Plutarch, und dass in der deutschsprachigen Lyrik immer mehr Anglizismen verwendet werden, spätestens seit der Jahrtausendwende. Aber für manche Begriffe gibt es einfach keine stimmige Übersetzung: »blind date« zum Beispiel ist so ein Fall, jene Bezeichnung für ein Treffen mit einer Person, die man vorher nur schriftlich oder telefonisch kontaktiert hat und die man sich im Hinblick auf eine mögliche Affäre, ein Verhältnis oder eine Partnerschaft genauer ansehen möchte. Das englische »blind« bedeutet bekanntlich dasselbe wie das deutsche »blind«, und hier schafft das Eigenschaftswort eine herrlich doppeldeutige Ironie. Denn weniger »blind vor Liebe« als bei so einem quasi abgekarteten Spiel, dem Eignungstest für die Partnerschaft nach gewissen Kriterien, kann man schwer sein. Fest steht, dass sich keines der großen Liebespaare der Weltliteratur auf diese Weise gefunden hätte.

»blind date« findet sich in Doris Runges neuestem Gedichtband *was da auftaucht*; der Text wird getragen von einer melancholischen Grundstimmung, wie sie typisch ist für Doris Runges lyrisches Temperament. Der Leser soll keinesfalls zu viel erwarten: »es muss ja nicht / gleich sein«, diese ersten beiden Zeilen sparen das Wort »Liebe« aus und drängen es dadurch umso mehr in den Sinn. Vielleicht, denkt man, könnte sie sich doch noch ereignen? Dies zumindest wird nicht ausgeschlossen, zumal die Dichterin den Dingen mit geradezu großzügiger Geste Zeit einräumt. Damit wird ganz nebenbei die Schnelligkeit der Bedürfnisbefriedigung kritisiert, die charakteristisch für die heutige Konsumkultur geworden ist. Das Wort »nicht« kommt zweimal vor, genauso häufig wie »keine« (»keine / liebe«, »jedenfalls keine / fürs leben«). Diese beiden doppelten Verneinungen bestimmen den interpunktionslosen und durchweg kleingeschriebenen Text: Was alles fehlt, davon handelt das Gedicht.

Doch muss dies eigentlich so sein? Durch eine hübsche Verschiebung wird dem Alltag jedenfalls eine Poesie zugesprochen, die umso ungeheuerlicher erscheint, je beiläufiger sie daherkommt, nämlich »zwischen tür und / engel abflug«. Der beliebte Ausdruck »zwischen Tür und Angel« – wieder ein Hinweis auf die Alltagshektik – wird lustvoll verändert, aus »Angel« wird »Engel«, fast könnte man sich verlesen, das englische Wort »angel« fällt einem ein, aber es bleibt nicht dabei: »Engels Abflug« – so lautet für Doris Runge die präzise lyrische Verortung einer Zeit, in der alles Mögliche passieren könnte oder eben nicht.

Das Hinterfragen jedes einzelnen Worts ist ebenso ein Kennzeichen der Dichtung Runges wie die Kürze der Gedichte. Die 1943 geborene Autorin, die bisher acht schmale Lyrikbände veröffentlicht hat, verzichtet auf alles sprachliche Blendwerk; sie hat das Weglassen zu ihrem poetischen Prinzip gemacht, sie spricht an der Grenze zum Schweigen. In dieser Welt – und das ist Doris Runges sprachliche Utopie – haben Wörter noch eine Bedeutung, jedes einzelne. Wenn sich der Lesende also bei diesem Text zu guter Letzt fragt, wozu das ganze »blind date« überhaupt nütze sein soll, wo doch so viel nicht machbar ist und keine Liebe erhofft werden darf, so ist er Runges Sprachrätsellösung ganz nahe.

Das Gedicht enthält eine sanfte Mahnung in der Erinnerung daran, dass echte Liebesgeschichten grundsätzlich Entwicklungsgeschichten und entsprechend kompliziert zu erleben sind. Man verliebt sich aufgrund von Prägungen in eine bestimmte Person – und findet sich in der Liebe endlich selbst. Man war sein Leben lang darauf geeicht, dass die Capulets ein besonders übler Familienschlag sind, und stellt fest, dass dem nicht so ist; man kämpft mit sich, mit den Umständen, liebt glücklich oder unglücklich, aber man liebt, und dieser Zustand ist der allerlebendigste.

Doris Runge hat einmal gesagt: »Jedes Leben ist irgendwo auch ein Gleichnis. Und bei aller Individualität sind die Sorgen und Nöte der Menschen die gleichen. Wie fremd sie sich sind und wie sie ihr Glück suchen – das ist der Stoff, aus dem meine Gedichte sind.« Hier ist es die Sehnsucht nach Liebe, die allen Menschen angeboren ist, der sich die Autorin einmal mehr angenommen hat, und es ist kein Zufall, dass hier weder ein Ich noch ein Du aufgerufen werden, da letztlich von der Einsamkeit des Menschen berichtet wird, die ihn solch absurde Aktionen wie das »blind date« erfinden lässt – und ihn zuallerletzt doch nicht vor jenem einzigen »blind date« retten kann, das alle Menschen haben, ob sie wollen oder nicht: dem Rendezvous mit dem Tod. Dies ist eine zweite Lesart von Runges Gedicht, und erst durch sie wird man der vollen Brillanz des kleinen Textes gerecht.

(2011)

Sich eine dünne Haut zulegen
Über Thomas Brasch

Thomas Brasch
WER DURCH MEIN LEBEN WILL, MUSS DURCH MEIN ZIMMER
willst du verhaftet sein: jetzt oder immer

Wer in mein Leben will, geht in mein Zimmer
wer mit mir leben will
muss in mein Zimmer
könnt ich woanders hin
leben für immer,

würde ich nie wo anders sein,
lebt ich in jeder Kammer.

Was formuliert dieser Satz »Wer durch mein Leben will, muss durch mein Zimmer« – eine Drohung, eine Feststellung, ein Versprechen? Die Anweisung »Geh in dein Zimmer« erhält der ungehorsame Nachwuchs, wenn er die vermeintlich wichtigen Gespräche der Erwachsenen stört. »Ich bleibe in meinem Zimmer«, sagen Kinder gerne, wenn sie schmollen und die Eltern mit ihrer Abwesenheit bestrafen möchten. Dass ein Zimmer unordentlich sei und aufgeräumt werden müsse, dies ist noch so eine gerne verwendete Redewendung. Zimmer – ist das also ein trauriges, kleines Wort, verbunden mit der Kindheit und ihren Reglementierungen?
  Nicht nur, denn das Zimmer ist auch Refugium. Es ver-

spricht Privatsphäre und Entspannung; Künstler finden dort im besten Fall zu sich, zu ihrer Kreativität: Für sie ist das Zimmer auch die Werkstatt der Ideen. Virginia Woolf forderte bereits 1929 in ihrem gleichnamigen Essay »Ein Zimmer für sich allein«, welches der schreibenden Frau zugestanden werden müsse. Wer, wie Thomas Brasch, in der DDR aufgewachsen ist, für den hatte auch noch über ein halbes Jahrhundert später die Forderung nach Privatheit politische Brisanz. Das Wort »verhaftet« gleich in der zweiten Zeile des Gedichtes erinnert daran: »willst du verhaftet sein: jetzt oder immer«. Gleichzeitig wird hier die »Verhaftung« zu einem privaten, einem Liebesakt gemacht.

Es ist ein Kennzeichen von Braschs Liebeslyrik, dass sie nicht in Metaphern schwelgt – die Bilder sind funktional, eher Bauhaus als Barock –, dass sie sachlich ist und mit einfachem Vokabular auskommt. Sie zielt auf Grundsätzliches; oft sind es Alltagsszenen, Momentaufnahmen, Selbstvergewisserungen oder -anklagen. Gemeinsam ist ihnen, dass es um Menschen im Gespräch mit sich oder miteinander geht, das lyrische Ich verhandelt mit einem Du; niemals werden unbelebte Landschaften, Stillleben, Stimmungen für sich genommen Thema eines Gedichts. Hier ist Brasch, der 1945 in England als Sohn jüdischer Emigranten geboren wurde und zusammen mit seiner Familie bereits ein Jahr später in die sowjetische Besatzungszone übersiedelte, seiner Herkunft verpflichtet. In der DDR vom Journalistikstudium exmatrikuliert, als Autor verboten und zeitweise verhaftet, floh Brasch 1976 mit seiner Lebensgefährtin, der Schauspielerin Katharina Thalbach, in den Westen und gelangte dort rasch zu großer Bekanntheit. Zu Recht wehrte er sich gegen die Rolle des ewigen Dissidenten oder DDR-Autors, in die seine aktuellen Texte und Stücke ihn unterdessen trotz allen Protestes immer wieder brachten.

Dass der streitbare Dramatiker, Prosaist und Filmemacher heute neu bewertet und als Lyriker von Rang entdeckt werden muss, zeigen Texte wie dieser. Lediglich neun Zeilen ist »Wer durch mein Leben will, muss durch mein Zimmer« lang, gegliedert in drei Strophen; und doch begegnen dem Leser Verse von großer Nachdrücklichkeit. Es werden Nuancen des An-sich-Heranlassens beschrieben: »Wer in mein Leben will / geht in mein Zimmer« – das ist das eine. Wer aber »mit mir leben will«, und hier wird die Forderung offensichtlich, der »muss« ins Zimmer, muss sämtliche Ansammlungen, Ablagerungen des Menschlichen, die so ein Zimmer schlimmstenfalls bergen kann, in Kauf nehmen. Er muss die Schattenseiten, die Geheimnisse respektieren und mit ihnen auskommen lernen. Ob sich die Person nun als zwanghaft chaotisch, als Sammlertyp oder pedantischer Ordnungsfanatiker erweist: Wer ins Zimmer eingedrungen ist, dem wird Weggesperrtes, Intimes sichtbar. Eine angemessene Reaktion wäre wünschenswert, könnte man vermuten. Schon weil die Tatsache des Zimmers nicht verhandelbar ist; die Alternative wird ausgeschlossen: Das Ich, könnte es woandershin, möchte da nicht sein, es möchte vielmehr »sich selbst in jede Kammer« bringen, so dass, wenn das Du dort Zugang haben will, das gleiche Spiel von vorne beginnt.

Er verspüre den Wunsch, die eigene Haut so dünn werden zu lassen, dass er die gesellschaftlichen Luft- und Erdbewegungen noch deutlicher wahrnehme, um sie auszudrücken, vielleicht sogar voraussagen zu können, sagte Thomas Brasch 1993 in einem Interview. Klar, dass, wer so verletzlich ist, die verstärkenden Wände des eigenen Zimmers braucht und es Hereinkommenden auch nicht zu leicht machen will. Nach 1990 und der deutschen Wiedervereinigung war es stiller geworden um Thomas Brasch, sein Lebensthema der Reibung von Politik, Gesellschaft und Individuum schien erschöpft –

dass sich nach Braschs Tod 2001 Hunderte von unveröffentlichten Gedichten und Gedichtfragmenten im Nachlass fanden, ist für uns ein Geschenk.

(2012)

Käfer und Raupe verlieben sich
Über Ulla Hahn

Mehr als eine halbe Million Leser ließen sich 2001 durch den Roman *Das verborgene Wort* von der Geschichte des Arbeitermädchens Hilla Palm fesseln, das trotz ihrer einfachen Herkunft die Welt der Worte und Bücher für sich entdeckt. Dass es sich bei der Autorin Ulla Hahn um eine prominente Lyrikerin handelte, die hier ihre fiktionalisierte Autobiografie vorlegte, ließ die Erwartungen von vornherein hoch sein – war doch Ulla Hahn von niemand Geringerem als Marcel Reich-Ranicki entdeckt worden, der die längst sprichwörtlich gewordene Behauptung aufstellte, Lyriker(innen) könnten keine Romane schreiben.

Doch Ulla Hahn hatte sich Zeit gelassen für diesen mehr als 600 Seiten langen wunderbaren Schmöker, und es gelang ihr darin, ein Porträt Deutschlands in der Adenauer-Ära zu zeichnen, das weit über das mitreißend und emphatisch geschilderte Einzelschicksal hinauswies. Sechs Jahre später, 2007, erschien dann das ebenso umfangreiche Nachfolgebuch *Aufbruch*, das Hilla Palms Schicksal weiter bis in die Gymnasialzeit und an den Anfang ihres Germanistikstudiums Mitte der sechziger Jahre in der Bundesrepublik verfolgt. Und jetzt ist mit *Spiel der Zeit* der dritte Teil der Hilla-Palm-Bücher da.

Sprachmächtig und drängend, gerade so, als ob nun schon genug Zeit verloren worden sei, fängt es an, wenn die Autorin die Leser gleich zu Beginn informiert, wo man stehengeblieben war: »Hilla Palm ist aus Dondorf weg, nach Köln, studiert dort Germanistik und Geschichte, wohnt in einem Haus für katholische Studentinnen, dem Hildegard-Kolleg. Und nur wegen ihr mache ich mich jetzt an den dritten Band, denn wie gesagt, ich kann sie doch nicht hängen lassen, verkommen lassen nach dieser Nacht auf der Lichtung im Krawatter Busch. Wo drei Kerle sie betrunken machten und über sie herfielen. Ihr das antaten, wofür sie bis heute das Wort nicht zu denken wagt.« Hier wird das Gefühl der Versehrtheit umschrieben, das das junge Mädchen empfindet und doch für sich behält. Bis sie, dies soll hier verraten werden, Hunderte von Seiten später von ihrem Freund und späteren Verlobten Hugo drängend gebeten wird, das Wort »Vergewaltigung« auszusprechen, es einmal tut und dann nie wieder.

Es ist übrigens fast so etwas wie Liebe auf den ersten Blick bei den beiden, die sich im Kölner Karnevalstrubel zum ersten Mal begegnen. Hilla Palm hat sich trotz des Kopfschüttelns ihrer Freundinnen als unförmige Raupe maskiert, und siehe da, ein junger Mann ist ähnlich klobig als Käfer gekommen; man tanzt zu »You really got me« von den Kinks; zwei Wesensverwandte erkennen sich. Wobei es Hilla nicht stört, dass Hugo auch nach dem Ausziehen des Käfergewands einen kleinen Buckel behält: eine körperliche Absonderlichkeit, die in der Fiktion das einzige Korrektiv zu Hugos ansonsten recht märchenprinzhaftem Auftreten darstellt (andererseits: Liebe ist Liebe, was soll man da meckern). Zwischen den beiden entwickelt sich eine sehr enge Beziehung, die von starker intellektueller wie auch erotischer Stimulation geprägt ist – und von Hugos reicher Familie, dem Breidenbach-Clan, überhaupt nicht goutiert wird.

Doch vor der Freundschaft mit dem jungen Mann wird der Ablösungsprozess der jungen Frau von ihrer Familie beschrieben, der Tod der geliebten Oma, das Sichzurechtfinden in der Großstadt, die Auseinandersetzung Hillas mit dem strengen und doch auch scheinheiligen Katholizismus, in dem sie aufwuchs. Die letztere Problematik spiegelt sich in der Geschichte um die Freundschaft zur Kollegmitbewohnerin Greta, einer bildschönen Kommilitonin, der die Welt offenzustehen scheint. Jedenfalls, bis sie schwanger wird, abtreibt und dann aus Reue ins Kloster geht – eine Entscheidung, zu der Hilla unwillentlich beigetragen hat.

Die Greta-Szenen gehören zu den berührendsten im Buch. Gretas Eintritt ins Kloster erscheint dabei nicht nur der Protagonistin Hilla »wie in einem Roman aus dem vorigen Jahrhundert«, sondern auch dem Leser – und gerade deshalb ist man sich fast sicher, dass diesen extremen Plot in der Tat »das Leben schrieb«. Denn so hätte Ulla Hahn ihn bestimmt nicht erfunden.

Überhaupt die Frage nach der »Erfindung«: Schon in den ersten beiden Büchern war das Rätselraten um den Anteil von »biografischer Wahrheit« in der Fiktion groß. Freudig wurde mehr oder minder deutlich Verdecktes enthüllt. So ist etwa der Name von Ulla Hahns Alter Ego Hildegard Palm eine Anspielung auf die von der Schriftstellerin verehrte Lyrikerin Hilde Domin, um deren Mädchennamen es sich handelt. Und das erfundene Dondorf klingt nicht zufällig ähnlich wie Mondorf, der Ort, aus dem Ulla Hahn stammt. Diesmal, wo es um ein erwachseneres Bewusstsein geht, um Werturteile gegenüber Personen und Tendenzen, hat Ulla Hahn gleich zu Beginn des Geschehens dem Roman eine poetologische Vorbemerkung vorangestellt, in der sie den Lesern ihr Verhältnis zur Autobiografie darlegt: »Denn für mich, Hillas Alter Ego, war gerade das der Anreiz fürs Schreiben: Erfahrungen und Erfindungen so miteinander zu verschmelzen, dass jenseits von Erfahrung und Erfindung ein Drittes entsteht: die Erzählung, der Text.«

Leidenschaftlicher, direkter heißt es an anderer Stelle über dieses Verfahren der poetischen Doppelbelichtung: »Meine kleine Hilla, Schwester, die ich beschützen möchte – ach, dass wir nichts mehr beschützen können, was gestern noch heute war ... Ich bin mein Gestern, ich bin meine Vergangenheit, in jedem Augenblick nichts als Vergangenheit – und Hoffnung auf Zukunft.«

Fragt man sich also als Leser, ob die Studentin die Zeit tatsächlich so aufgeweckt miterlebt und diskutiert hat, wie Hahn es darstellt, ob sie wirklich so dicht am Geschehen war, so ist dies eine müßige Aktion, denn schließlich geht es darum, Hillas Umfeld zu schildern, um ihre Person auf diese Weise begreiflicher zu machen. So liest man mit Spannung seitenlange, geradezu enzyklopädische Diskussionen um Benno Ohnesorg, Rudi Dutschke, die APO, Enzensberger, Pound, Mao und – hier vor allem mit Hugo Breidenbach – über Religion. Ein Zeitpanorama fächert sich auf, ebenso ernsthaft wie amüsant.

Der Leser darf mit Hilla und Hugo auch ein Hippiepaar belächeln, Lilo und Tim, die sich die Zeit vertreiben mit Smoke-ins, Sit-ins, diversen Versuchen der Karmaoptimierung und Cannabiszucht. Ein Klischeepärchen? Wenn es solche Leute Ende der sechziger Jahre nicht gegeben hat, wann dann?

Die emotionale Wahrhaftigkeit, die das Buch antreibt, ist auf jeder Seite spürbar; das Buch lebt von der inneren Spannung zwischen der klugen Autorin Ulla Hahn und der jungen Hilla, die von der Autorin an manchen Stellen im Text sogar direkt angesprochen wird. Dabei lässt Hahns poetologisches Konzept der Doppelbelichtung genug Platz für dichterischen Freiraum, was den Lesern zugutekommt.

Es gibt urkomische Passagen über einen Mixer. Hilla hat das gute Stück so begeistert erstanden, dass sie von einem

Kaufhaus als bezahlte Interessentin für den Stand des Produktpräsentators angeheuert wird. Später, als sie das praktische Haushaltsgerät der Mutter in Dondorf schenken will, wird der Schnickschnack (beziehungsweise, in Dondorf, der »Kokolores«) so misstrauisch beäugt, dass ihn die Tochter für einen Lotteriegewinn ausgeben muss, damit er überhaupt im Haushalt akzeptiert wird. Immerhin: Von da an gibt es bei jedem Hilla-Besuch Säfte, die der Vater aus selbstgezüchtetem Obst und Gemüse herstellt, und so bringt das Wirtschaftswundergerät in diesem Falle die Generationen zusammen.

Neben solchen ulkigen Begebenheiten trifft man im Text aber auch auf faszinierend lyrische Stellen, etwa wenn Ulla Hahn ihre Hilla sprachspielerisch und Ingeborg Bachmann zitierend überlegen lässt, was sie Hugo (noch) nicht zu sagen wagt: »Doch wie würde ich ihm das sagen können, was ich mir ja selbst nur wortlos zugestand, wie etwas eingestehen, ohne den Grund zu nennen, auf den Grund zu gehen, zugrunde zu gehen, mein Teil, es soll verloren gehen.«

Doch nicht nur auf diese Weise gibt die Autorin von *Spiel der Zeit* sich als Dichterin zu erkennen; immer wieder sind Gedichte aus ihrem Werk eingestreut, am überraschendsten (und plausibelsten) an der Stelle, als es zum Sex mit Hugo kommt. Anstatt die Liebesnacht zu beschreiben, findet sich – einerseits deutlich, andererseits taktvoll – hier Hahns wohl bekanntestes Gedicht, nämlich das unanständige »Anständige Sonett«, beginnend mit den Zeilen: »Komm beiß dich fest ich halte nichts / vom Nippen.«

Ein Ausweichen? Nein, es ist vielmehr die schönste Präsentation all dessen, was das lyrische Ich vermag. Wenn in der Lyrik ich gesagt wird, bedeutet das schließlich die Aufforderung zum Rollenspiel, eine Maskerade, ein Eintauchen in eine Figur, ein Sichanverwandeln in ein fremdes Ich, eben wie durch den Protagonisten in einem Roman – und doch besteht der Reiz für den Leser darin, Autor, Autorin und lyrisches Ich zu verwechseln. Es geht also genau darum, wie beim Verfassen einer Autobiografie, zugleich zu enthüllen und zu verbergen. Ulla Hahn ist dies gelungen in einem Buch, das man nicht so leicht vergisst, das einen ein wenig verändert zurücklässt.

(2014)

Stimmen aus dem harten Kern
Über Ursula Krechel

Ursula Krechels Gedichtbände ragen aus allem heraus, was die Lyrik heute und in den letzten Jahrzehnten zu bieten hat – so sehr, dass dies selbst einem lyrikunkundigen Leser auffiele, dies möchte ich gleich zu Anfang behaupten. Wie das? Nun, sie tun es nämlich sowohl im übertragenen wie auch wortwörtlichen Sinn: Ursula Krechels Gedichtbände sind einen entscheidenden Zentimeter breiter als die Norm, die Buchrücken ragen aus dem Bücherbord, wenn sie zwischen, sagen wir, K für Kolmar und L für Langgässer, eingeordnet sind.

Vor Jahren hörte ich die von mir seit Langem bewunderte Autorin anlässlich einer Lesung in ihrer alten Heimat Frankfurt, im Mousonturm, verschmitzt zum Publikum sagen: »Da danke ich dem Verlag (sie meinte Jung und Jung) doch sehr. Statt dass meine langen Zeilen zerteilt werden mussten, machten sie einfach die Bücher breiter.«

So einfach, so spielerisch scheint es manchmal zuzugehen in der Literatur, Tanz ohne Exerzitien, Wortfindungslust pur. Wirklich? So einfach und so spielerisch wirkt, im Nachhinein betrachtet jedenfalls, die Jury-Entscheidung, Ursula Krechel den neuen, in Wiesbaden gestifteten und verliehenen Lyrikpreis Orphil zuzuerkennen, und zwar für ihr lyrisches Gesamtwerk einerseits, insbesondere aber für ihre beiden zuletzt erschienenen Gedichtbände *Stimmen aus dem harten Kern* aus dem Jahr 2005 und *Jäh erhellte Dunkelheit* von 2010.

Auf diese beiden Bände möchte ich daher hier besonders eingehen – um noch ein paar mehr Hinweise zu geben, weshalb das Adjektiv »herausragend« eben nicht nur im wörtlichen, sondern auch im übertragenen Sinne in Krechels Fall von Lyriklesern gerne benutzt wird.

Ein gutes Dutzend Gedichtbände, außerdem Romane, Erzählungen, Hörspiele und Essays hat Ursula Krechel bis heute verfasst. Auch die beiden gerade genannten Lyrikwerke können im besten Sinne – und den kritischen Statuten des Orphilpreises gemäß – »politisch« genannt werden.

In *Stimmen aus dem harten Kern* unternimmt Ursula Krechel das Wagnis, eine Geschichte der Gewalt durch die Epochen hindurch zu schreiben, quasi als einen weiblichen Gegenentwurf zur *Ilias*. Sie arbeitet sich durch die Mythen, bewegt sich in diesem Buch völlig außerhalb des Modischen. Ihr gelingen dadurch Gedichte, die auf bestürzend zeitgemäße Art aufrüttelnd wirken.

Mehrstimmigkeit ist eine wiederkehrende Redefigur der inzwischen in Berlin lebenden Autorin. Zuletzt hat sie dieses Verfahren in den auf gesammelten Tatsachenberichten beruhenden Stimmen in *Shanghai fern von wo*, einem brillanten Exilantenepos, vorgeführt. Bereits 2001 ging es in der Erzählung »Der Übergriff« um Stimme und Gewalt; in dem Text erzählt eine Frauenstimme, die verstummen soll. »Halt's Maul« brüllt, flüstert, droht eine andere Stimme ihr immer wieder ins Ohr – es ist eine beunruhigend offene Erzählhaltung. Diese hat ihren Gegenpart Jahre später in *Stimmen aus dem harten Kern* gefunden. Wo dort ein Frauen-Singular berichtet, ist es hier ein männliches Wir, die Kriegerkaste in toto.

In dem aus 144 Gedichten jeweils in Kapiteln aus zwölf Zwölfzeilern bestehendem langen Poem finden sich die Stimmen von Soldaten, Kriegern, Mördern; die poetischen

Masken reichen von Philoktet bis Byron, es sind pseudoheldische Gestalten, die der Zyklus aufruft, Stimmen aus dem Peloponnesischen Krieg im fünften Jahrhundert vor Christus bis zum Irakkrieg. Dabei gibt es durchaus Täter, die sich als Opfer fühlen, die von sich selbst als Opfer erzählen, das macht Krechel für uns heutige Leser sprachlich greif- und erfahrbar. Diese Einzelstimmen von Kriegerfiguren wie dem schwärenbedeckten Philoktet oder auch Lord Byron, dem Dichter, erotischen Wüstling und Freiheitskämpfer, widmet sie eigene Kapitel.

Begreift man den »idealen« Schriftsteller mit Elias Canetti als einen Meister der Verwandlung, als einen Künstler also, der sich sowohl die niedrigsten Kreaturen einfühlend anverwandeln kann als auch in der Lage ist, das durch die großen Heldenepen vorgegebene Personal von Homer und Ovid zeitgemäß weiterzuerzählen, so findet man in Ursula Krechels Werk diese beiden Formen ästhetischer Metamorphose in ihrer schönsten Ausprägung.

Erinnern wir uns, wer vor Ursula Krechel etwa den Philoktet-Stoff bearbeitet hat: Es sind – neben dem Urvater Homer – Namen wie Pindar, Vergil, Ovid, Seneca, die da aufgerufen werden. Aischylos' und Euripides' Dramen über den legendären Bogenschützen mit dem brandigen Fuß sind bekanntlich verschollen und selbst in die Sphäre des Fiktiven gerückt. Wir kennen heute am ehesten noch die Tragödie des Sophokles und aus der Moderne beziehungsweise Postmoderne später die Stücke von André Gide und Heiner Müller.

Eine Frau lässt sich auch in der erweiterten Aufzählung nicht finden. Ist es nun eine speziell »weibliche« Sicht auf den Philoktet, die sich bei Ursula Krechel findet? Dichten Frauen »anders«, wie Marcel Reich-Ranicki es in seiner gleichnamigen Anthologie, die Krechel schon lange kanonisiert, einmal versuchsweise behauptet hat, dichten sie »emotionaler«?

Nun, Krechels Stimme, die sie dem Philoktet leiht, ist tatsächlich anders – und zwar so, wie die Stimmen großer Autoren sämtlich »anders« genannt werden können, nämlich unverwechselbar –, und sie ist emotional, aber dadurch keineswegs von weniger intellektueller Schärfe.

»Dies ist mein Fuß«, beginnt das Kapitel mit dem Titel »Selbststimulation / Philoktet in zwölf humpelnden Schritten«, wobei die humpelnden Schritte zuerst wörtlich und dann wiederum nicht anders denn als Koketterie zu nehmen sind, so flüssig rauschen die Verse, so verführerisch ist hier die Erzählkunst angelegt, so sehr schäumt der Reichtum an kühnen und sich oft wie an einer Kette reihenden Metaphern; so nachhaltig überzeugt die aus einem Nebeneinander von Alltagsrede und hohem Ton gefertigte Kunstsprache.

> Der Wundbrand frisst sich bis zum Knochen,
>   Hinkebein schlurft
> Durch eine verheerte Welt, dass eine Schlange mich
>   gebissen hat,
> dass kein Pfeil mich ritzte, als ich den Bogen trug,
>   den Herakles
> Mir gab –

(Nebenbei: Wann wurde Lesern zuletzt so geschickt bewusst gemacht, dass in »verheert« ein ganzes Heer drinsteckt?)

Bei Krechel hadert Philoktet, und er analysiert sich; er ist sich seiner selbst mehr als bewusst, und doch rettet ihn das – die Zwangsgeschichte des postmodernen Helden – keineswegs, im Gegenteil, die Tragik schlägt zurück, sie wird umso größer, wenn Philoktet am Ende seine Schuld anerkennt, er lädt sie wissend und sehend auf sich, weil er nicht anders kann:

Ich werde wiederkommen, wieder zu den Waffen greifen,
ich werde
Wieder töten, wenn man mich braucht, mich lässt, ich will
nicht lernen.

»Form ist Erfahrung«, zitierte Ursula Krechel zum Entstehungsprozess von *Shanghai fern von wo* befragt, den Dichter Ernst Jandl, und so ist es auch hier: Anders hätte es ihr nicht gelingen können, ein narratives Langgedicht in der Tradition von Derek Walcott oder auch Anne Carson zu erschaffen, erzählerische und lyrische Kraft miteinander zu vereinen. Form, das zeigen die Gedichte in *Stimmen aus dem harten Kern*, ist auch Wagnis.

Peter Hacks hat einmal gesagt, klassische Literatur spiegele die tatsächliche Barbarei der Welt im Stoff wider und ihre mögliche Schönheit in der Form; diese Maxime scheint in Ursula Krechels Kriegsgedichten erfüllt. Die Schönheit dieser Verse ist zukunftsweisend und zugleich archaisch, anmutig und düster, ungeheuer in beiden Bedeutungen des Wortes, und so stellt sie zu guter Letzt alle Werte auf den Kopf: Die dargestellte Welt ist so barbarisch, dass sie auf die Schönheit des Verses zurückschlägt und das Kriegsgedicht zum Moralstück, zum Antikriegsgedicht wird. Die »Helden« werden auseinandergenommen und in ihre Einzelteile zerlegt, so wie die Sprache in Silben und Suffixe, der Soldat, der den Sinn des Befehls verstanden hat, »führt aus aus aus«.

Der Text »Winterkampagne« im Gedichtband *Jäh erhellte Dunkelheit* von 2010 knüpft an das Thema Krieg mit all den Rückzügen und Schrecken der Kälte an; intertextuell bezieht es sich auf Joseph Brodskys *Verse von der Winterkampagne*. Obwohl es unter anderem Hitler zitiert, ist es mehr als bloß ein historisches Gedicht über den Russland-Feldzug. Es sucht jene strukturelle Wahrheit auf, die in der Sprache beschlossen ist. Die erste, wiederholte und variierte Zeile »Das sind ganz normale Verluste« ist bitter und historisch leider allzu wahr.

Und doch ist die Sprache so – ja, wie soll man sagen: schön?

> Krähen krachen mit den Flügeln, schwerfällig, fast
> eingerostet,
> kirre gemacht gegen die Kälte

heißt es da in der *Winterkampagne*, oder:

> ... Die Innenwände des Winters sind fellbezogen
> dem gefrorenen Pferd aus den Rippen geschnitten
> Fell und Flanell und tatkräftiges Schuhwerk, das Leder
> gefettet
> Der Körper mit Nahrung ausgesteift, vermummt,
> verschnürt

Der Band *Jäh erhellte Dunkelheit* beschwört vor allem eins: die Epiphanie. Es sind ganz und gar erfüllte Augenblicke, die sich da im Gedicht ereignen, in seiner Bildhaftigkeit und eigenen Wahrheit.

Aufschreiben ist Bewahren, Aufsplittern ist Genauigkeit, Genauigkeit bedeutet Gelingen, so mag das poetische Programm dieser Dichterin lauten, die mit ihren Versen die Materialität der Sprache, ihre Laute, ihre Schrift, so freilegt, dass die Dinge von einem feinen Leuchten überzogen werden.

Sie hätte versucht, angesichts der Erfahrung von Shanghai ihr »Nichtverstehen bei der ersten Reise« in »etwas zu verwandeln, das nicht Wissen« ist, hat Ursula Krechel ihr Bemühen, die Form für den Roman *Shanghai fern von wo* zu finden, genannt.

Hier, in den Gedichten, sind es Leichtigkeit und Konzentration, die diese Verwandlung bewirken, man vergisst nie, dass es über den Klang hinaus die Erzählung gibt, oder anders, die Dichterin verwandelt den Klang in Erzählung. Die Reisen müssen auch gar nicht so weit weg führen, sie können persönliche sein, in die eigene Vergangenheit und deren Fremdheit locken. So geschieht es etwa in »Weiß wie«, dem kleinen Text, in dem Krechel einmal mehr von ihrer Mutter dichtet und damit ein Stück deutsche Geschichte aufbereitet:

Meine Mutter liebte die weißen Männer
Hals über Kopf aber die weißen Männer
Liebten keine Frau wie sie oder andere
Nicht vorbei war es mit den Weißen Männern
Mutter war hin und weg Liebe brannte
Beiläufig ging Gottfried von Cramm
In Leinen blendendweiß auf den Rasen
Aufschlag über das Netz und weiter
Gegnerisch ins Herz der Mutter

Krechels Gestus ist mal der des metaphysischen Fragens, mal einer, der auf die Paradoxie des Verstummens hinausläuft. Auch in den immer wieder auftauchenden heiteren Familienszenen beharrt Krechel eigenwillig auf dem Poetischen; ihr ist das Gedicht an sich immer Grund und Anreiz genug, ist der Hebel, mit dem sie sich an die Welt wagt, um Erkenntnisse zu gewinnen, den Boden der Sprache aufzubrechen. Im Gedicht »Frage« heißt es ganz am Schluss, in einer schönen ironischen Wendung: »Zu Ende mit dem Latein war erst der Anfang.«

Ein Anfang, wie man ihn Ursula Krechels Leserinnen und Lesern nur immer wieder wünschen kann.

Und das wäre tatsächlich auch ein schöner Schluss gewesen für diese Laudatio, wenn Ursula Krechel nicht selbst noch das Epilogische in den Epiphanien von *Jäh erhellte Dunkelheit* angelegt hätte – am Schluss des Bandes finden wir einen kleinen Zyklus mit dem Titel »Mitschrift des Sommers«. Er besteht aus 16 Gedichten, die von einem Aufenthalt der Autorin in einem evangelischen Damenstift handeln. »Die Gräber im Klosterhof schweigen«, heißt es da. »Auch ich schwiege, wenn ich nicht schriebe.«

Man spürt eine fremde und bedrohliche Kraft, die der Dichtung entgegenarbeitet und das lyrische Ich zu vereinnahmen droht, selbst wenn es sich wehrt. Zwischen die Gedichte sind dokumentarisch einige Grabinschriften verstreut – so lebt, so schreibt es sich mit den stummen Schatten der Vergangenheit. Und die Erleuchtung ist auch nur Bedingung für die Schlagschatten, die Sprache löst sich ins Schweigen, das Wort auf ins Licht.

(2012)

Deine Lügen haben betörende Farben
Über Raquel Chalfi

Vor einigen Wochen las die israelische Lyrikerin Raquel Chalfi in Frankfurt, und am nächsten Abend luden ein in Frankfurt lebender Israeli und sein deutscher Mann sie, ihren Mann, Matthias und mich zum Essen ein. Wir saßen zu sechst am Esstisch in der Wohnung voller Bücher und Bilder, und im Laufe des Abends stellte Raquel uns eine Frage zu Lyrikfestivals – und wie es dem Temperament zahlreicher Dichter eigen ist, wenn sie auf etwas zu sprechen kommen, tat sie dies auf total grundsätzliche Art. Sie meinte kein Festival im Speziellen, sondern fragte: »Was haltet ihr eigentlich von Lyrikfestivals?« Nachdem Matthias, der drei Viertel der Welt bereist hat und vom mongolischen Professor über den slowenischen *shooting star* bis zur schwedischen Rapperin einen illustren Freundeskreis rekrutiert hat, mit seiner Lobeshymne fertig ist, meldet Raquel die eigene Skepsis an: »Aber ist es nicht trügerisch? Für ein paar Tage dreht sich alles, wirklich alles um Lyrik, bei den Diskussionen und Lesungen sowieso, aber auch beim Frühstück, bei den Ausflügen, beim Schlummertrunk – dabei ist es doch gar nicht so auf der Welt! Da geht es niemals und nirgends um Lyrik!« Sie steigert sich in die große Leidenschaft einer enttäuschten Liebhaberin, so dass mein prosaischer Einwand, bei einer Tagung der Kieferorthopäden oder Semiotiker gehe es doch genauso zu, relativ ungehört verhallt. »Aber es ist so trügerisch! Das Selbstbewusstsein wächst und wächst, und dann kommst du wieder heim, und Lyrik spielt gar keine Rolle mehr im Leben um dich herum und – puff, alles in Luft aufgelöst!«

»Aber es steht Lyrikern zu, so gut behandelt zu werden! Eigentlich nicht nur ein paar Tage im Jahr, aber es ist ein Anfang.« Während Matthias sein Plädoyer wieder aufnimmt, denke ich: Wenn es trügerisch, vielleicht sogar eine Lüge der Bedeutung ist, dann ist es eine schöne, und wer weiß, vielleicht schafft sie eigene Wahrheiten um sich, und mir fällt ein Gedicht ein, das Raquel am Vorabend gelesen hat – oder nein, falsch, vermutlich war der Gedanke mir nur gekommen, da ich mich unbewusst an das Gedicht erinnert hatte. Es heißt »Chamäleon« und handelt genau davon: von fleischgewordenen, gut angepassten und gar nicht mehr als solche erkennbaren Lügen.

Raquel Chalfi
Chamäleon

Bebende Flächen im betäubten Traum des Chamäleons
deine Lügen haben betörende Farben
Violett und Blau versinken im Dunkel
Sie sind Lügen und sie sind nicht durchsichtig
Es kann eine Lüge nicht durchsichtig sein
Sollen die Leute mir nicht sagen
die Lüge sei durchsichtig
denn jede Lüge hat ihr Fleisch ihren Farbton ihr
Zittern und jede Lüge schafft um sich
eine kleine und fühlbare
lebende Wahrheit

Natürlich, grüble ich, im Essen stochernd, ist das politisch gemeint, die Farben erinnern an Parteien. Und vielleicht sollte man eine schöne Lüge, eine, die niemandem wehtut, lieber »Erfindung« nennen. Inzwischen unterhalten sich Raquel und Matthias längst über die Vor- und Nachteile Tel Avivs gegenüber Jerusalem. Mir fallen einige richtig schöne Erlebnisse ein, die ich auf von Veranstaltern gut erfundenen Festivals hatte. In Salzburg zum Beispiel oder Mantua oder in Bremen bei *poetry on the road*, das T-Shirt mit dem Logo hatte ich neulich erst an. Bei jedem Festival hatte es ein nettes Willkommenspaket gegeben: mit Blumen meist, oder Wein, einer Anthologie aus dem Gastland, einem Stadtplan, Essensgutscheinen und eben jenen bedruckten T-Shirts, wahlweise Jutetaschen. Und bei diesem Stichwort – Willkommenspaket – kommt mir das schönste Buch über ein Lyrikfestival in den Sinn, das ich kenne. Es ist der Roman *Das L in Laura* der österreichischen Autorin Evelyn Schlag. Darin reist die Dichterin Laura nach Portugal: »In ihrem Hotelzimmer fand sie einen großen Strauß Rosen, eine Flasche Portwein, einen Bildband über Azulejo, eine Anthologie portugiesischer Lyrik in englischer Übersetzung. Ein letztes Paket erhielt ein weißes T-Shirt mit dem Wahrzeichen des Festivals – der schwarzen Silhouette eines Mannes im Regenmantel mit einem großen Hut, des größten Dichters der Stadt, der sie nicht zu rühren vermocht hatte. Auf dem T-Shirt warf er drei Schatten, mit jedem seiner Pseudonyme einen.«

Eigentlich, hatte ich bei der Lektüre des Klappentextes gedacht, kann dieser Plot nicht gut gehen: Eine Dichterin namens Laura, die Stadt Pessoas, auch noch touristisch erfahren, und dann die eigentliche Geschichte, die Liebesaffäre mit dem amerikanischen Dichter David – aber ich hatte erfreulicherweise unrecht, es war ein wunderbares und poetisches Buch, das treffendste Wort ist, finde ich: anmutig. Ein anmutiger Roman. Ich überlege, das Raquel zu erzählen, aber sie unterhält sich gerade mit Matthias über die Unmöglichkeit der Übersetzung von Amos Oz, und so trinke ich still weiter meinen Kaffee. Vielleicht sollte ich doch bald mal wieder ein Festival besuchen. Das »Puff« danach schreckt mich eigentlich nicht, damit komme ich schon klar. Und man kann ja viel Böses über den Literaturbetrieb sagen, aber nach dem Festival ist immer auch vor dem Festival, und das tröstet. Zum Schluss von *Das L in Laura* steht übrigens auch kein »Puff« und keine Selbstbewusstseinsschrumpfung des lyrischen Ichs – allen Beteiligten bleiben ja die Gedichte.

Sie suchte in seinen Gedichten den Mann,
der mit ihr über den Rand
von Südwesteuropa hinausgewandert
und ein wenig auf dem Atlantik
herumspaziert war.

(2010)

Übungen in Gelassenheit
Über Volker Sielaff

Volker Sielaff
Exerzitien des Alltags

Ich war den ganzen Tag damit beschäftigt
auf eine Frau zu warten, ich hatte lange
nicht mehr auf jemanden gewartet, so dass
mir das Warten jetzt wie eine Gnade erschien

ein undefinierbarer Akt, der seine Einlösung
hinausschob. Das war das Leben:
einer – gerade geboren – streckte seine Hand aus,
was er greifen wollte, konnten wir nicht genau erkennen

aber die Geste war eindeutig, – und mehr als das.
Die Rede ist von einer Art Schwingtür.
Die Frau tritt ein und alles könnte bereits vorbei sein,
wäre das jetzt nicht – der Anfang.

Wir erfahren in diesem Gedicht gleich am Anfang, dass ein Mann auf eine Frau wartet, und zwar – und dies ist das Entscheidende – gern. Das ist ungewöhnlich, verbindet man »Warten« doch gemeinhin mit verschwendeter Zeit; und wenn das Eintreffen des Erwarteten oder Versprochenen, nämlich der Moment des endgültigen Besitzes oder der Ankunft, sich allzu lange hinauszögert, spricht man gar von »Leiden«.

Doch was passiert in diesen drei Strophen zu jeweils vier Zeilen? Der in Dresden lebende Dichter Volker Sielaff beschreibt jene Minuten oder Stunden, die sich, anscheinend nutzlos, zwischen zwei Ereignissen erstrecken, nicht als unruhige oder ängstlich erlebte Übergangsphase, sondern als ganz und gar positiv. Nicht allein mit Hoffnung, sondern sogar mit Zuversicht sieht der Wartende der Frau und dem, was kommt, entgegen. Dies ist heutzutage, in Zeiten fast unzumutbarer Beschleunigung, der komplett fehlenden Erfahrung von Dauer, äußerst befremdlich zu lesen. Lassen sich nicht, so lange, bis die Frau nun endlich kommt, ein paar Anrufe tätigen, die Zeitung durchblättern, noch schnell ein paar Termine bestätigen? Gewohnt, sich ausschließlich am Ziel zu orientieren, stellt sich heute das Intervall bis zum Ankunftspunkt nur noch als Hindernis dar, das möglichst schnell zu überwinden ist.

Der Text stammt aus Sielaffs zweitem Lyrikband *Selbstporträt mit Zwerg*. Der 1966 in Großröhrsdorf geborene, als Theaterbeleuchter arbeitende Sielaff kritisiert die Gegenwart durch eine Umkehrung der Werte. Seine Beschäftigung mit dem Zen-Buddhismus schlägt sich deutlich nieder, seine Fürsprache für eine Grundhaltung der Achtsam- oder vielleicht auch Behutsamkeit stammt daher. Ob nicht die reine Zielorientierung, die Ökonomisierung der Lebensweise dem Zwischenraum jede Bedeutung nimmt, fragt er, indem er ein Wort wie »Exerzitien« in die Überschrift des Textes hebt. Ein Exerzitium ist definiert als eine geistige, mentale Übung, die oft in religiösem Zusammenhang stattfindet. Wir haben es mit einer Tätigkeit zu tun, die auf Teilhabe am Erhabenen, auf Erkenntnis abzielt. Auf eine einfache Alltagssituation bezogen, zeigt Sielaff mit seinen so betitelten Zeilen, dass es durchaus machbar – weil beschreibbar – ist, Zeit und Raum im täglichen Einerlei wieder Bedeutung zu geben.

Utopische Gedichte hatte bereits der gesellschaftskritisch orientierte Lyriker Nicolas Born (1937–1979), einer der bedeutendsten Schriftsteller der Nachkriegszeit, jene Texte genannt, die »der Wirklichkeit, statt Kritik zu äußern, den Zuständen beunruhigend schöne Vorstellungen entgegensetzen, die offen sind für Träume, Sehnsüchte, für die Möglichkeiten des Glücks«. Das »Bewusstsein von der Existenz unserer positiven Möglichkeiten«, so Born, sei »verkümmert, besonders in der Literatur, die doch gerade das vermittelnde Medium zwischen Imagination und Realität sein sollte. Wir sind so eingestellt, dass wir alle Vorstellungen an der Realität und an ihren Maßstäben von Realisierbarkeit messen, anstatt Realität immer an unseren besten Vorstellungen zu messen«.

Sielaff arbeitet an einer Poesie der besten Möglichkeiten. Das treffende Bild, in dem sich die Komposition »Exerzitien des Alltags« zusammenfügt, ist jenes der Schwingtür (oder vielmehr »einer Art Schwingtür«), jener Typ Tür, der sich fließend öffnet. Diese Tür deutet auf einen öffentlichen Raum hin, am ehesten ein Krankenhaus, dann würde der Hinweis auf das neugeborene Kind passen, auf jenes Kind, das sich so eindeutig »und mehr als das« verhält (nämlich kreatürlich), wenn es mit winzigen Fingern nach der Welt greift. Sicher kann man über die Position des Wartenden nichts sagen, und es scheint dem Autor nicht daran gelegen, in dieser Hinsicht Klarheit zu schaffen. So steht das Warten an sich im Vordergrund, nicht der Ort – er könnte überall sein. Sielaffs lyrisches *Ich* ist zu beneiden. Es besitzt das Wissen oder zumindest den Optimismus, zu behaupten, was passiert: Es wird ein Anfang sein.

(2012)

Über malende Dichter

Was ich denn täte, wenn mir mal nichts einfiele oder es beim Schreiben nicht so klappte, werde ich oft auf Lesungen gefragt. Bisher antwortete ich, dass ich, wenn es im Roman nicht weitergehen will, mich dadurch quasi frei schreibe, indem ich an Gedichten arbeite, mich also unmittelbarer mit Klang, Bild und Wort beschäftige. Oder dass eben umgekehrt, wenn ich den lyrischen Ausdruck nicht finde, es immer einen Prosaabsatz in den Manuskripten auf dem Schreibtisch beziehungsweise im Laptop gibt, der nach Überarbeitung oder Recherche verlangt. So bewege ich mich einigermaßen kreativ durch die Schreibkrisen, sage ich dann.

Nur sehr selten fragt jemand nach: Und wenn es mit beidem im Argen steht? Zum Glück, denn da könnte ich nur sagen, dass die aufgezwungene Kunstpause darin bestehe, den Hund spazieren zu führen, die Wäsche zu machen oder einkaufen zu gehen – nicht ganz so befriedigende Tätigkeiten, zumal die Gedanken dabei dann eben doch um das Schreibproblem kreisen.

Nun aber habe ich eine neue »Kunstpause« für mich gefunden – ich widme mich einer ganz anderen Art von Kunst, nämlich dem Zeichnen. So wenig präsentabel ich meine Erstlinge – unproportionierte Akte und (im Doppelsinn) haarige Fellstudien – auch finde, und auch wenn ich nicht meine, damit wirklich »Kunst« zu erschaffen, so macht es doch einfach Riesenspaß. Außerdem finde ich mich in einer stolzen Tradition von malenden Dichtern wieder. Schon ein Blick auf die

Literaturnobelpreisträger zeigt, wie viele echte Doppelbegabungen es gab: von William Butler Yeats, William Faulkner, George Bernard Shaw und Odysseas Elytis bis hin zu Hermann Hesse, Günter Grass, Derek Walcott und Dario Fo – und das sind nur einige der hierzulande Bekannteren. Ihre bildnerischen Ansätze sind so unterschiedlich wie die Wege, die sie zur Skulptur, zur Radierung oder zum Aquarell führten.

Warum tun sie das? »Manchmal zeichne ich meine Stücke, bevor ich sie aufschreibe«, sagte Dario Fo, »und manchmal, wenn ich mich mit einem Theaterstück schwertue, höre ich auf zu schreiben, damit ich die Handlung in Bildern zeichnen kann, um das Problem zu lösen.« Der von Schreibkrisen geplagten Sylvia Plath kamen die Worte häufig nur, wenn sie erst zeichnete, worüber sie schrieb: das alte Gewächshaus etwa, das sie erst als Skizzen, dann in Gedichten darstellte. Hermann Hesse begann im zarten Alter von vierzig Jahren nach einer psychischen Krise zu aquarellieren. So unterschiedlich die Naturelle der Schriftsteller und ihrer Texte, so verschieden sind auch die bildnerischen Arbeiten. Der jüngst verstorbene Gabriel García Márquez, als Kind und Jugendlicher ein hochbegabter Zeichner, sagte, er habe sich die Erzählkunst durch die Comics seiner Kindheit angeeignet. E. T. A. Hoffmann, Tom Wolfe, John Updike und Jack Kerouac – sie alle haben Bildergeschichten oder Comics gezeichnet.

Auf der einen Seite führt das Bild diese Autoren zum Wort, bei anderen muss erst einmal die Psyche so weit wieder befreit werden, dass überhaupt geschrieben werden kann. Oder aber die Aktionen gingen Hand in Hand, bei den Kinderbuchautoren Antoine de Saint-Exupéry und Lewis Carroll. Hier entstanden die Geschichten und Zeichnungen parallel und bilden ihren eigenen, untrennbar verbundenen Kosmos der Fantasie. Unter jüngeren Künstlern heute findet man etwa Jonathan Lethem oder Feridun Zaimoglu, die malen, und das professionell, sie sind Gestaltwandler, wie man sie sich nur wünschen kann. »Es gibt keine Kunst, es gibt nur Künstler«, hat Ernst H. Gombrich in seiner *Geschichte der Kunst* gesagt.

Und auch sie müssen leben. George Sand nahm immer wieder Auftragsarbeiten für Porträts an, um auf diese Weise ihren Lebensunterhalt zu sichern. Im Fall von Charles Bukowski, der von 1939 bis 1941 Kunstkurse am Los Angeles City College belegte, dies jedoch abbrach, weil er von den Dozenten so gar nicht bestätigt wurde, war es der gewitzte Verleger John Martin von der Black Sparrow Press, der herausfand, dass sich die Romane seines Autors besser verkaufen ließen, wenn er Originalkunstwerke des Autors beilegte. Bukowski seinerseits ließ übrigens verlauten, er hätte die vierzig vom Verleger bestellten Bilder in die Badewanne gelegt und daraufgepinkelt.

Nun, so unterschiedlich der Ehrgeiz und die Ansätze sind – allesamt mussten sich diese Autoren morgens entscheiden, ob sie sich an den Schreibtisch oder vor die Staffelei setzten – und wir, ihre Leser, profitieren davon, einen neuen Zugang zur inneren Welt des Künstlers zu bekommen, so traumatisiert, verquast, eitel, provokant, zart oder grausam diese gewesen sein mag.

Etwas ohne die Grenzen seiner gewählten Form zu erschaffen, jenseits der Beschränkungen der Sprache: Dies mag für Autoren eine kleine Flucht in die Unmittelbarkeit sein. Zumindest ein Teil der Attraktion ist sicher der Tatsache geschuldet, dass das bildnerische Kunstwerk weniger dem selbst erhobenen Anspruch des abstrakteren Texthandwerks unterliegt und deswegen dem inneren Selbst näher sein könnte als seine Texte. Und wir, die Leser, profitieren davon, diesen so ganz anderen Blick in ihre erdachten Welten werfen zu dürfen. Wobei – wenn ich mir meine ersten Erträge, zwei Tage Kopfformen, nur bestehend aus Kreisen – betrachte, dann bekomme ich doch wieder Lust auf ein Gedicht.

(2014)

Hubert Spiegel
Funken, aus dunklem Stein geschlagen

Silke Scheuermann über das lyrische Schreiben

Ein Dichter wundert sich: »Dass es Zusammenstellungen von Worten gibt, aus welchen, wie der Funke aus dem geschlagenen dunklen Stein, die Landschaften der Seele hervorbrechen, die unermesslich sind wie der gestirnte Himmel, Landschaften, die sich ausdehnen im Raum und in der Zeit, und deren Anblick abzuweiden in uns ein Sinn lebendig wird, der über alle Sinne ist.«

Der Tonfall – es ist Hugo von Hofmannsthal, der hier spricht – klingt ein wenig fremd in unseren Ohren, aber mit dem Staunen über diese seltsamen »Zusammenstellungen von Worten« sind wir auch ein Jahrhundert später noch immer nicht fertig. Wie entstehen Gedichte? Wie lässt sich ihre Wirkung erklären? »Wie viele ›Opfer‹ muss man darbringen, um ›das perfekte Gedicht‹ zu erschaffen? Wie hoch ist der Preis?« Und könnte es sein, dass dieser Preis für Dichterinnen höher ist als für ihre männlichen Kollegen? Das sind einige der Fragen, die Silke Scheuermann in diesem Band stellt. Sie richtet sie an ihr eigenes Werk, vor allem aber an das zahlreicher Kolleginnen und Kollegen wie Inger Christensen, Ursula Krechel, Doris Runge, Wolfgang Hilbig, Charles Simic und viele andere. Besonders intensiv untersucht sie die poetischen Funken, die Sylvia Plath, Anne Sexton und Ingeborg Bachmann aus dem dunklen Stein geschlagen haben, zu dem ihr Leben am Ende geworden war. Dichten Frauen anders? Die Frage mag abgedroschen klingen, aber sie harrt nach wie vor einer befriedigenden Antwort. Silke Scheuermann stellt sie nur indirekt, aber auf eine Weise, die in eine neue Richtung weist. Intelligenz, Geist, Emotionalität würde den Dichterinnen, über die sie schreibt, niemand absprechen. Silke Scheuermann gibt ihnen überdies einen Körper.

Einfache biografische Gleichungen sind in diesen Essays ebenso wenig zu finden wie einfache Antworten. Man lasse sich nicht täuschen. Gerade scheinbar schlichte Sätze weisen bei näherer Betrachtung erstaunliche Untiefen auf, wie etwa am Ende einer kurzen Betrachtung der Werke von Erika Burkart, wenn es heißt: »Vielleicht gibt es doch so etwas wie eine helle Unbehaustheit.« Ja, das gibt es durchaus: Denn es gibt Gedichte, die einen Lichtstrahl auf die menschliche Unbehaustheit werfen können. »Das Licht«, hat der Philosoph Hans Blumenberg gesagt, »bleibt, was es ist, während es Unendliches an sich teilhaben lässt, es ist Verschwendung ohne Schwund. Licht schafft Raum, Distanz, Orientierbarkeit, angstloses Schauen, es ist ein Geschenk, das nicht fordert.« Lässt sich dasselbe, und zwar Wort für Wort, nicht auch von der Poesie sagen?

Wie das Licht scheint die Poesie zu den raren Ressourcen zu gehören, die der Mensch auch in größter Gier und Maßlosigkeit nicht zu erschöpfen vermag. Man könnte versucht sein, sie zu den erneuerbaren Energiequellen zu zählen: Sind nicht bislang, Jahrhundert um Jahrhundert, Generation für Generation, immer wieder Dichter nachgewachsen, als handle es sich um einen natürlichen Vorgang? Man kann Dichter nicht züchten, aber man hat beobachten können – man denke an Nelly Sachs, Helga M. Novak oder Gertrud Kolmar –, dass sie sich auch unter den ungünstigsten Bedingungen entwickeln. Nur was sie antreibt, das weiß man noch immer nicht so genau. Müssten es die Dichter nicht selbst am besten wissen?

Das wird bestritten. Spätestens seit Barnett Newmans berühmtem Satz, dem zufolge Vögel nun einmal keine guten Ornithologen abgäben, sind die Dichter fein raus: Die Formulierung, schreibt Silke Scheuermann, werde gerne kolportiert, »wenn es darum geht, den Autor, insbesondere den Lyriker, für quasi unzurechnungsfähig in eigener Sache zu erklären«. Dichter müssen sich also nicht erklären. Aber sie können es auch nicht lassen.

Der rätselhaft anmutende Vorgang, durch den ein Gedicht entsteht, ist oft genug verklärt worden. Sehertum und Magie sind die Stichworte. Das hat Ressentiments hervorgerufen. Was Silke Scheuermann über Gedichte und die Art und Weise, wie sie entstehen, schreibt, lässt nicht nur Barnett Newmans Diktum noch älter aussehen als es ist (nämlich gut sechzig Jahre), sondern ist auch geeignet, etwaige Vorurteile abzubauen. Denn hier schreibt eine Dichterin auf eine Weise über Dichtung, die nicht überhöht oder verklärt, nicht raunt und nicht haucht, nicht kennerhaft und nicht abgehoben ist und von ihrem Leser im Grunde nur eines verlangt: Er muss sich für Lyrik interessieren. Und selbst wenn er das nicht tut – hier kann er es lernen. Lyrik, wie Silke Scheuermann sie versteht, ist kein Minderheitenprogramm. Sie geht jeden etwas an: »Keiner von uns, so scheint es, kann der Welt genügen, keiner ist ihrer grundsätzlichen Fremdheit und Kaltschnäuzigkeit gegenüber menschlichen Bedürfnissen wie Liebe oder Sehnsucht gewachsen. Wir alle sind Opfer der Übermacht an Anforderungen geworden. Gegenmittel werden dringend gebraucht.«

Aber wie wird dieses Gegenmittel zusammengebraut?

Die Geschichte der Lyrik ist eine Abfolge von Verboten

und Geboten. Eine der folgenreichsten Forderungen ist die nach der »Natürlichkeit« des Gedichts. So schrieb der englische Romantiker John Keats: »Wenn Dichtung nicht so natürlich wächst wie Blätter an einem Baum, soll man besser überhaupt nicht dichten.« Das Gedicht als Naturprodukt, das man vom nächstbesten Ast pflücken kann wie einen reifen Apfel vom Baum der poetischen Erkenntnis?

Lyriker sind keine Paradiesbewohner. Aber sie lungern gern vor seinen Pforten herum. Manchmal erhaschen sie einen Blick hinein. Vielleicht, so lautet eine typische Scheuermann-Überlegung, sind die ersten Menschen nur deshalb aus dem Paradies vertrieben worden, weil sie sich nicht verantwortlich dafür fühlten: »Aber da Adam und Eva nicht die Schöpfer der schönen Umgebung waren, musste das Experiment zwangsläufig rasch scheitern: Hätten sie etwas zu bestellen, zu gärtnern gehabt, wäre das alles anders gekommen.«

Der Gedanke kommt ihr bei der Lektüre eines Essays ihrer Lieblingsautorin Inger Christensen. Die dänische Dichterin hat ihr Paradies in der Sprache gefunden, in der für sie »unabweisbare[n] Gewissheit, dass die Sprache die unmittelbare Verlängerung der Natur ist. Dass ich dasselbe Recht habe zu sprechen wie ein Baum, Blätter zu treiben.« Da haben wir – ein wenig anders als bei Keats – schon wieder das Bild vom naturhaften Vorgang des Dichtens.

Warum auch nicht? Dichtung als organischer, naturhafter Prozess, achtsam und nachhaltig. Wäre das nicht schön? Silke Scheuermann glaubt nicht daran. Gegen Gottfried Benns Verdikt, ein Gedicht »entstehe« nicht, sondern werde »gemacht«, legt sie dennoch Widerspruch ein, denn sie ist »eben doch der Überzeugung, dass es entsteht. Das geschieht nicht oft, zugegebenermaßen, die meisten Gedichte werden in der Tat gemacht, aber daher sind die wirklich großen eben äußerst selten – manchmal kommen auch auf eine bedeutende Lyrikerin, einen bedeutenden Lyriker bloß eine Handvoll.«

Nur eine Handvoll Gedichte als Ertrag eines Lebenswerks, das klingt bitter. Aber ist die Natur nicht ohnehin grausam? Der Dichter kann nicht nur dichten, er muss es auch. Eine Wahl hat er offenbar nicht. Endet der freie Wille dort, wo der unbedingte Wille zur Kunst beginnt? Bei Sylvia Plath, die sich im Alter von dreißig Jahren das Leben nahm, beobachtet Silke Scheuermann eine »Tragödie der Begabung und Schuld«, die tödlich endet, wohl auch tödlich enden musste: »Ja, es war nötig, dass Sylvia Plath sich umbrachte, um ihre letzten Gedichte zu schreiben. Die Entwicklung war in ihr angelegt wie ein bösartiges Computerprogramm«, schreibt sie. Mit dem Gedicht »Lady Lazarus«, in dem das eigene Sterben als Kunst beschrieben wird, habe Sylvia Plath den äußersten Punkt erreicht: »Weiter geht es nicht. Das *ist* die Grenze.« Ist das vollkommene Gedicht das todbringende Gedicht?

»Verbiete du dem Seidenwurm zu spinnen / Wenn er sich schon dem Tode näher spinnt. / Das köstliche Geweb entwickelt er / Aus seinem Innersten und lässt nicht ab, / Bis er in seinen Sarg sich eingeschlossen«, heißt es in Goethes *Torquato Tasso*. Ließe sich das nicht auch über Anne Sexton, Sylvia Plath und Ingeborg Bachmann sagen? Dem Seidenwurm, den Goethe als »beneidenswert« bezeichnet, weil er als Schmetterling zu neuem Leben aufersteht, verdankte Hugo von Hofmannsthal seinen Adelstitel, denn sein Großvater hatte die österreichisch-ungarische Seidenindustrie aufgebaut, so dass ihn Kaiser Ferdinand I. im Jahr 1835 um seiner Verdienste willen adelte. Bis zu dreihunderttausendmal legt die Raupe des Seidenspinners den selbstproduzierten Seidenfaden um ihren Körper, bevor der Kokon endlich fertig ist. Nach acht Tagen entschlüpft ihm der Schmetterling. Es sei immer spannend, Zeuge einer Metamorphose zu werden, hat der Schmetterlingssammler Vladimir Nabokov einmal leichthin bemerkt und in seinen Erinnerungen festgehalten: »Wenn ein Schmetterling wie ein Blatt aussehen muss, so sind nicht nur alle Einzelheiten eines Blattes wunderschön nachgemacht, es sind großzügig auch Markierungen hinzugefügt, die Raupenfraß vortäuschen. ›Natürliche Auslese‹ im Darwinschen Sinne konnte diese wunderbare Übereinstimmung von imitiertem Aussehen und imitiertem Verhalten nicht erklären, noch konnte man sich auf die Theorie des ›Kampfes ums Dasein‹ berufen, wenn eine Schutzmaßnahme bis zu einem Grad der Feinheit, der Extravaganz, der Aufwendigkeit getrieben war, der das Unterscheidungsvermögen des Fressfeindes bei weitem überforderte. In der Natur entdeckte ich die zweckfreien Wonnen, die ich in der Kunst suchte. Beide waren eine Form der Magie, beide waren ein Spiel intrikater Bezauberungen und Täuschung.«

Wo Nabokov von zweckfreien Wonnen, von Bezauberung und Täuschung spricht, geht es Silke Scheuermann um anderes, um, wie ich glaube, weit mehr. Mit Elias Canetti, auf den sie sich mehrfach in diesem Band beruft, begreift sie den Dichter als »Hüter der Verwandlung«. Nabokov will die Metamorphosen beobachten, Canetti fordert den Künstler dazu auf, sie zu vollziehen. Aber was bedeutet es, ein »anderer von innen her« zu werden? Silke Scheuermann deutet Canettis Konzept als gefährliches Ideal: »Die Utopie des Schreibens lautet, anders in der Welt zu stehen. Einen anderen Körper zu haben, einen weniger beschädigten, weniger angreifbaren – einen Körper aus Text, der nicht so unzulänglich oder lächerlich wäre wie der eigene Körper mit seiner Schwerfälligkeit, Begriffsstutzigkeit, mit all den Defekten. Schreiben wäre also zuallererst eine Rettungsaktion.«

Eine Rettungsaktion, die indes das Leben kosten kann.

Denn die Suche nach dem vollkommenen Gedicht, nach dem anderen, dem vollkommenen Körper, kann zerstörerische Formen annehmen, wie Silke Scheuermann mehrfach zeigt. Das Leben, schrieb Hugo von Hofmannsthal, müsse sich selber verschlingen, damit ein vollkommenes Gedicht entstehen könne. Aber woher kommt sie überhaupt, diese fatale Sehnsucht nach dem Vollkommenen in der Lyrik? Silke Scheuermann gibt in ihren luziden Essays mehr als eine Antwort auf diese Frage. Sie sucht nach dem »utopischen Buch«, fragt nach der »Verschränkung von Destruktion und Kreativität«, wünscht sich das ewige Leben und definiert das Gedicht als probates Mittel gegen die verstreichende Zeit, als Ereignis totaler Gegenwart, als »ewige Minute«. Dasselbe – nur mit anderen Worten – sagt der Schweizer Germanist Peter von Matt in seinem Essay »Zur Anthropologie des Gedichts und zum Ärgernis seiner Schönheit«: »Hinter dem Gedicht steht der Stachel einer einzigen Idee: der Vollkommenheit ... Es versucht das Akute, das Plötzliche, die Sekunde der Vollkommenheit in Dauer zu verwandeln.«

Der Literaturwissenschaftler und die Dichterin, der Ornithologe und der Vogel – sie sind sich also einig.

Anmerkungen

In der Werkstatt des Tätowierers.
Wie Gedichte entstehen

7 In jedem Jahr veranstalten die Hochschule RheinMain und das Literaturhaus Villa Clementine, eine Kulturinstitution der Landeshauptstadt Wiesbaden, die »Poetikdozentur: Junge Autoren«. In jeweils zwei Vorlesungen und zwei Lesungen gewährt diese besondere Reihe einen Blick in die Werkstatt des Schriftstellers. Silke Scheuermann hatte die Wiesbadener Poetikdozentur 2012 inne, der Text basiert auf ihrem Vorlesungsmanuskript.

7 Paavo Haavikko: »Der Winterpalast«. In: *Poesie.* Finnisch-deutsch. Übertragung und Nachwort von Manfred Peter Hein. Frankfurt am Main: Suhrkamp Verlag 1965.

7 Barnett Newman, zitiert nach Donald Friedman: *»Und ich mischte die Farben und vergaß die Welt...« Malende Dichter.* Übersetzt von Eva Plorin. Mit einem Nachwort von John Updike. München: Elisabeth Sandmann Verlag 2008.

8 Gottfried Benn: »Probleme der Lyrik«. In: *Lyriktheorie. Texte vom Barock bis zur Gegenwart.* Herausgegeben von Ludwig Völker. Stuttgart: Reclam 1990.

9 Sylvia Plath: *Die Tagebücher.* Herausgegeben von Frances McCullough. Deutsch von Alissa Walser. Frankfurt am Main: Frankfurter Verlagsanstalt 1997.

10 Sylvia Plath: »Der Fünfzehn-Dollar-Adler«. In: In: *Die Bibel der Träume. Erzählungen. Prosa aus den Tagebüchern.* Aus dem Amerikanischen von Julia Bachstein und Sabine Techel. Frankfurt am Main: Fischer Taschenbuch Verlag 1994.

12 Sylvia Plath: »Rand«. In: *Ariel. Gedichte. Englisch und Deutsch.* Deutsch von Erich Fried. Suhrkamp Verlag 1974.

14 Elias Canetti: »Der Beruf des Dichters«. In: *Gesammelte Werke Band 6:*

Die Stimmen von Marrakesch – Das Gewissen der Worte. München: Carl Hanser Verlag 1995.
15 Vgl. das Nachwort von Katharina Born in: Nicolas Born: *Gedichte.* Herausgegeben von Katharina Born. Göttingen: Wallstein Verlag 2004.
16 In: Silke Scheuermann: *Über Nacht ist es Winter. Gedichte.* Frankfurt am Main: Schöffling & Co. 2007, S. 26–29.
19 Joseph Brodsky: »Große Elegie an John Donne«. In: *Joseph Brodsky, Brief in die Oase. Hundert Gedichte.* Herausgegeben und mit einem Nachwort versehen von Ralph Dutli. München, Wien: Carl Hanser Verlag 2006.
21 Herman Melville: *Moby Dick; oder: Der Wal. Roman.* Deutsch von Friedhelm Rathjen. Frankfurt am Main: Fischer Taschenbuch Verlag 2009, S. 701.
23 Ray Bradbury: »Der illustrierte Mann«. In: *Der illustrierte Mann. Erzählungen.* Aus dem Amerikanischen übersetzt von Peter Naujack. Zürich: Diogenes Verlag 1962.
24 Vilém Flusser: »Das Bild«. In: *Vogelflüge. Essays zu Natur und Kultur.* München: Carl Hanser Verlag 2008.
25 Elias Canetti: »Der Beruf des Dichters«. In: *Gesammelte Werke Band 6: Die Stimmen von Marrakesch – Das Gewissen der Worte.* München: Carl Hanser Verlag 1995.
27 In: Silke Scheuermann: *Über Nacht ist es Winter. Gedichte.* Frankfurt am Main: Schöffling & Co. 2007, S. 58–60.

Der Traum im anderen Körper.
Wie Arachne heute webt

29 Die Poetikdozentur der Akademie der Wissenschaften und der Literatur an der Johannes Gutenberg-Universität Mainz wurde 1980 in Kooperation mit der Johannes Gutenberg-Universität Mainz von der Klasse der Literatur der Akademie der Wissenschaften und der Literatur begründet. Im Rahmen von Seminaren bietet sie Studierenden und Literaturinteressierten die Möglichkeit, im Gespräch mit Schriftstellern poetologische Fragen zu diskutieren, die meist am Werk des jeweiligen Autors entwickelt werden. Silke Scheuermann hatte die Mainzer Poetikdozentur im Sommersemester 2007 inne. Der Text basiert auf ihrem Vorlesungsmanuskript.
29 Elias Canetti: »Der Beruf des Dichters«. In: *Gesammelte Werke Band 6:*

Die Stimmen von Marrakesch – Das Gewissen der Worte. München: Carl Hanser Verlag 1995.

32 Anne Sexton: *Liebesgedichte. Verwandlungen. Gedichte*. Herausgegeben und mit einem Vorwort von Elisabeth Bronfen. Aus dem Amerikanischen von Silvia Morawetz. Frankfurt am Main: S. Fischer Verlag 1995.

32 Linda Sexton: *Auf der Suche nach meiner Mutter, Anne Sexton*. Aus dem Amerikanischen von Silvia Morawetz. Frankfurt am Main: Fischer Taschenbuch Verlag 1997.

33 Anne Sexton: »Dornröschen«. In: *Verwandlungen. Gedichte*. Aus dem Amerikanischen von Silvia Morawetz. Frankfurt am Main: S. Fischer Verlag 1999.

39 Gertrud Kolmar: »Arachne«. In: *Das lyrische Werk*. Herausgegeben von Regina Nörtemann. Drei Bände. Göttingen: Wallstein Verlag 2003.

40 *Neid* wurde im Mai 2008, 936 Seiten lang, als Roman abgeschlossen. Er gilt als der persönlichste der Künstlerin, eine teilweise direkte Übernahme ihrer eigenen Meinungen und Wahrnehmungen, ein großes Abschweifen vom ursprünglichen Plot – und doch, ein Wagnis ist gelungen. Jelinek hat den Text, wie angekündigt, nie in Buchform veröffentlicht und rät ihren Lesern sogar vom Ausdrucken ab. Die Autorin sagte zum Abschluss des Projekts: »Ich habe mich privatisiert.«
Elfriede Jelinek: Neid. http://www.elfriedejelinek.com/ (17.03.2015)

46 Silke Scheuermann: *Die Stunde zwischen Hund und Wolf*. Frankfurt am Main: Schöffling & Co. 2007, S. 68.

46 ebda., S. 36.

47 ebda., S. 36.

47 Friedrich Weltzien: »Bacon's Beasts. Von Nashörnern und Affen und vom Herstellen von Bildern«. In: *Kunsttexte.de*. Berlin: Kunsttext e. V. 2/2004.

51 Silke Scheuermann: »Der Wolf oder Die Wege des Bösen kreuzten sich diesmal im Stadtpark«. In: Dies.: *Über Nacht ist es Winter*. Frankfurt am Main: Schöffling & Co. 2007, S. 12.

Todunglücklich und jubelnd zugleich.
Wie man in der Sprache sehen kann

53 Rede zum Hölty-Preis für Lyrik der Landeshauptstadt und der Sparkasse Hannover, der Silke Scheuermann am 10. September 2014 für ihren Gedichtband *Skizze vom Gras*, Frankfurt am Main: Schöffling & Co. 2014, verliehen wurde.
57 Helga M. Novak: *Liebesgedichte.* Herausgegeben von Silke Scheuermann. Frankfurt am Main: Schöffling & Co. 2010, S. 117.
59 Karl Jaspers: *Philosophie.* Drei Bände. Band II: *Existenzerhellung.* Berlin: Springer Verlag 1932.
66 Zit. nach Bernhard Schemmel: *In Hoffmanno! E. T. A. Hoffmann-Haus und E. T. A. Hoffmann-Gesellschaft. Ein Beitrag zur Rezeptionsgeschichte.* Bamberg: E. T. A. Hoffmann-Gesellschaft e. V. – edition hübscher im Genniges Verlag 2013.

Über Arbeitsplätze: E. T. A. Hoffmann im Poetenstübchen und
Wolfgang Hilbig im Heizkeller

67 Wolfgang Hilbig: »stätten«. In: *Werke in sieben Bänden*, Band 1. Hrsg. von Jörg Bong, Jürgen Hosemann und Oliver Vogel. Frankfurt am Main: S. Fischer Verlag 2008.
67 Jan Röhnert: »gewachsen zu niemands behausung. Wolfgang Hilbig sieht ›stätten‹ in Urs Grafs Felslandschaft«. In: *Hilbigs Bilder. Essays und Aufsätze.* Hrsg. von Peter Braun und Stephan Pabst. In Zusammenarbeit mit dem Lese-Zeichen e. V. Göttingen: Wallstein Verlag 2013, S. 100–108.
69 Erika Burkart: »Hades; 21 Zeilen«. In: *Am Fenster, wo die Nacht einbricht. Aufzeichnungen.* Zürich: Limmat Verlag 2013.

Ein Spukkind zu Weihnachten.
Über Theodor Storm

71 Theodor Storm: »Weihnachtsabend«. In: *Theodor Storm. Sämtliche Werke in vier Bänden. Band 1: Gedichte/Novellen 1848–1867.* Herausgegeben von Dieter Lohmeier. Frankfurt am Main: Deutscher Klassiker Verlag 1987.
72 Theodor Storm: »Der Schimmelreiter«. In: *Theodor Storm. Sämtliche Werke in vier Bänden. Band 1: Gedichte/Novellen 1848–1867.*

Herausgegeben von Dieter Lohmeier. Frankfurt am Main: Deutscher Klassiker Verlag 1987.
73 Theodor Storm: »Knecht Ruprecht«. In: *Theodor Storm. Sämtliche Werke in vier Bänden. Band 1: Gedichte/Novellen 1848–1867*. Herausgegeben von Dieter Lohmeier. Frankfurt am Main: Deutscher Klassiker Verlag 1987.

Einer, über den nicht jeder spricht:
Der (fast) vergessene Dichter Christian Wagner

75 *Eine Welt von einem Namenlosen. Christian Wagner*. Herausgegeben von Ulrich Keicher. Band 1: *Das dichterische Werk*. Göttingen: Wallstein Verlag 2003, S. 148.
78 Hermann Hesse: Rezension zu Christian Wagner: *Gesammelte Dichtungen*. Herausgegeben von Otto Güntter. Stuttgart: Strecker & Schröder 1918. Zitiert nach: *Eine Welt von einem Namenlosen. Christian Wagner*. Herausgegeben von Ulrich Keicher. Band 2: *Lebenszeugnisse und Rezeption*. Göttingen: Wallstein Verlag 2003, S. 136.
78 Hermann Lenz: *Verlassene Zimmer*. Frankfurt am Main: Suhrkamp Verlag 1978.

Das Orakel des Blicks.
Über Rainer Maria Rilke

80 Rainer Maria Rilke: »Spiegel…« In: *Duineser Elegien. Die Sonette an Orpheus*. Frankfurt am Main: Insel Verlag 1994.

Zeichen im Schattenland.
Über Gottfried Benn

84 Gottfried Benn: »Aus Fernen, aus Reichen«. In: *Gottfried Benn. Sämtliche Gedichte*. Stuttgart: Klett-Cotta 1998.

Längst kein Spiel mehr.
Über Nelly Sachs

89 Nelly Sachs: »Einer wird den Ball nehmen«. In: *Werke. Kommentierte Ausgabe in vier Bänden*. Hrsg. von Ariane Huml und Matthias Weichelt. © Berlin: Suhrkamp Verlag 2010.

Hüterin der Verwandlung.
Über Gertrud Kolmar

93 Gertrud Kolmar: »Verwandlungen«. In: *Gedichte*. Frankfurt am Main: Suhrkamp Verlag 1996.
94 Elias Canetti: »Der Beruf des Dichters«. In: *Gesammelte Werke Band 6: Die Stimmen von Marrakesch – Das Gewissen der Worte*. München: Carl Hanser Verlag 1995.

Das spezielle Werkzeug.
Über Ernst Jünger

97 Ernst Jünger: *In Stahlgewittern*. Stuttgart: Klett-Cotta 2007.
100 Johann Peter Hebel: »Der Käfer«. In: *J. P. Hebels sämtliche Werke. Erster Band: Allemannische und hochdeutsche Gedichte*. Karlsruhe: Verlag der Chr. Fr. Müllerschen Hofbuchhandlung 1838.

Gatsbys Nachbarn. Hausordnung für Utopisten

102 Jean-François Lyotard: »Was ist postmodern?« In: *Postmoderne und Dekonstruktion. Texte französischer Philosophen der Gegenwart*. Herausgegeben von Peter Engelmann. Stuttgart: Reclam Verlag, 1990.
102 Vgl. das sechste Kapitel in: Virginia Woolf: *Ein eigenes Zimmer. Drei Guineen. Zwei Essays*. Deutsch von Heidi Zerning und Brigitte Walitzek. In: *Gesammelte Werke*, herausgegeben von Klaus Reichert. Frankfurt am Main: S. Fischer Verlag 2003.

Vom Land leben, den Stern sehen.
Über Carl Zuckmayer

107 Carl Zuckmayer: »Ein nie vorher gesehener Stern«. In: *Abschied und Wiederkehr. Gedichte*. Herausgegeben von Knut Beck und Maria Guttenbrunner-Zuckmayer. Frankfurt am Main: S. Fischer Verlag 1997.
107 Carl Zuckmayer: *Als wärs ein Stück von mir. Horen der Freundschaft*. Frankfurt am Main: S. Fischer Verlag 1966.

Schätze in grüner üppiger Schönheit.
Über Friederike Mayröcker

111 Friederike Mayröcker: »was brauchst du«. In: *Gesammelte Gedichte 1939–2003*. Herausgegeben von Marcel Beyer. © Frankfurt am Main: Suhrkamp Verlag 2004. Alle Rechte bei und vorbehalten durch Suhrkamp Verlag Berlin.
112 Johann Wolfgang von Goethe: »Prometheus«. In: *Gedichte. Nach der Ausgabe letzter Hand*. Frankfurt am Main: Fischer Taschenbuch 2008.
113 Friedericke Mayröcker im Interview mit dem ORF am 20.12.2014.

Dichten gegen die Zeit.
Über Elisabeth Borchers

116 Elisabeth Borchers: »Zeit. Zeit«. In: *Zeit. Zeit. Gedichte*. © Frankfurt am Main: Suhrkamp Verlag 2006. Alle Rechte bei und vorbehalten durch Suhrkamp Verlag Berlin.
119 Elisabeth Borchers: *Lichtwelten. Abgedunkelte Räume. Frankfurter Poetikvorlesungen*. Frankfurt am Main: Suhrkamp Verlag 2003.

Das sag ich nicht mehr. Über Ingeborg Bachmann

120 Ingeborg Bachmann: »Alkohol«. In: *Ich weiß keine bessere Welt. Unveröffentlichte Gedichte*. Herausgegeben von Isolde Moser, Heinz Bachmann und Christian Moser. München: Piper Verlag 2000. © 2000 Piper Verlag GmbH, München.
121 Ingeborg Bachmann: *Ich weiß keine bessere Welt. Unveröffentlichte Gedichte*. Herausgegeben von Isolde Moser, Heinz Bachmann und Christian Moser. München: Piper Verlag 2000.

Lass mich alles wissen, was mitteilbar ist. Die Briefwechsel
Bishop – Lowell und Celan – Bachmann

124 Elizabeth Bishop, Robert Lowell: *Words in Air. The Complete Correspondence*. Edited by Thomas Travisano and Saskia Hamilton. New York: Farrar Straus & Giroux 2010.
125 Ingeborg Bachmann, Paul Celan: *Herzzeit. Ingeborg Bachmann – Paul Celan. Der Briefwechsel*. Frankfurt am Main: Suhrkamp Verlag 2009.

Twilight in den Föhrenwipfeln.
Über Bestseller und Zen-Buddhismus

132 Gary Snyder: »Föhrenwipfel«. In: *Sprache im technischen Zeitalter*, Heft 176 (2005), S. 423. Aus dem Amerikanischen von Hans Jürgen Balmes.

Der Stolz der Katze auf ihre neun Tode.
Über Sylvia Plath

134 Sylvia Plath: »Schneeangriff«. In: *Die Bibel der Träume. Erzählungen. Prosa aus den Tagebüchern*. Aus dem Amerikanischen von Julia Bachstein und Sabine Techel. Frankfurt am Main: Fischer Taschenbuch Verlag 1994.
135 Sylvia Plath: »Worte«. In: *Ariel. Gedichte*. Englisch und deutsch. Deutsch von Erich Fried. Frankfurt am Main: Suhrkamp 1993.
136 Sylvia Plath: »Ein Vergleich«. In: *Die Bibel der Träume. Erzählungen. Prosa aus den Tagebüchern*. Aus dem Amerikanischen von Julia Bachstein und Sabine Techel. Frankfurt am Main: Fischer Taschenbuch Verlag 1994.
138 Sylvia Plath: »Ein Tag im Juni«. In: *Zungen aus Stein. Erzählungen. Prosa aus den Tagebüchern*. Aus dem Amerikanischen von Julia Bachstein und Susanne Levin. Frankfurt am Main: Fischer Taschenbuch Verlag 1994.
138 Sylvia Plath: »Der Schatten«. In: *Zungen aus Stein. Erzählungen. Prosa aus den Tagebüchern*. Aus dem Amerikanischen von Julia Bachstein und Susanne Levin. Frankfurt am Main: Fischer Taschenbuch Verlag 1994.
138 Sylvia Plath: »Steinknabe mit Delphin«. In: *Zungen aus Stein. Er-*

zählungen. *Prosa aus den Tagebüchern*. Aus dem Amerikanischen von Julia Bachstein und Susanne Levin. Frankfurt am Main: Fischer Taschenbuch Verlag 1994.
138 Sylvia Plath: »Johnny Panic und die Bibel der Träume«. In: *Die Bibel der Träume. Erzählungen. Prosa aus den Tagebüchern*. Aus dem Englischen von Julia Bachstein und Sabine Techel. Frankfurt am Main: Fischer Taschenbuch Verlag 1994.
138 Sylvia Plath: *Die Glasglocke*. Aus dem amerikanischen Englisch von Reinhard Kaiser. Mit einem Vorwort von Alissa Walser. Berlin: Suhrkamp Verlag 2013.
139 Jonathan Franzen: *Weiter weg*. Aus dem Englischen von Bettina Abarbanell u. a. Reinbek: Rowohlt Verlag 2013.

Warum Odysseus es im Paradies nicht so mochte.
Über Inger Christensen

140 Robert Harrison: *Gärten. Ein Versuch über das Wesen der Menschen*. Aus dem Amerikanischen von Martin Pfeiffer. München: Carl Hanser Verlag 2010.
141 Inger Christensen: »Die ordnende Wirkung des Zufalls«. In: *Der Geheimniszustand und Das Gedicht vom Tod*. München: Carl Hanser Verlag 2001.

Kann nicht steigen nicht fallen.
Helga M. Novaks Liebesgedichte

144 Der Text sowie die folgenden Anmerkungen basiert auf dem Nachwort zu dem Band Helga M. Novak: *Liebesgedichte*. Herausgegeben von Silke Scheuermann. Frankfurt am Main: Schöffling & Co. 2010.
144 Helga M. Novak: »Liebe«, ebda., S. 7.
145 Ingeborg Bachmann: »Dunkles zu sagen.« In: *Werke*. Band 1. München, Zürich: Piper Verlag 1978.
145 Helga M. Novak: »Ich bin dein Spiegel«, ebda., S. 20.
145 Helga M. Novak: »Liebe«, ebda., S. 7.
146 Helga M. Novak: »Nachtfalter«, ebda., S. 42
147 Helga M. Novak: »kann nicht steigen nicht fallen«, ebda., S. 9.
147 Helga M. Novak: »Häuser«, ebda., S. 126.
149 Helga M. Novak: »Rauhreif«, ebda., S. 127.

151 Helga M. Novak: »gehen wir Steine zerschlagen«, ebda., S. 18.
152 Helga M. Novak: »Bewölkung«, ebda., S. 48.
153 Helga M. Novak: »gehen wir kirren«, ebda., S. 15.
154 Helga M. Novak: »baut er mir ein Haus«, ebda., S. 64.
155 Helga M. Novak: »wach auf Eustachos«, ebda., S. 36.
156 Helga M. Novak: »gebrochenes Herz«, ebda., S. 68.
156 Helga M. Novak: »keine Wärme kein Feuer«, ebda., S. 70.
156 Helga M. Novak: »Dezemberklage«, ebda., S. 75.
156 Helga M. Novak: »Monolog um vier«, ebda., S.76.
156 Helga M. Novak: »Landnot«, »ebda., S. 85.
156 Helga M. Novak: »konserviert«, ebda., S. 78.
157 Helga M. Novak: »Duell«, ebda., S. 69.
157 Helga M. Novak: »Monolog um vier«, ebda., S.76.
157 Helga M. Novak: »Brief an Koladoghbe«, ebda., S. 91.
158 Helga M. Novak: »Paten-Zyklus«, ebda., S. 97–111.
159 Helga M. Novak: »Orgie allein«, ebda., S. 115.
159 Helga M. Novak: »alleine«, ebda., S. 120.
160 Ingeborg Bachmann: »Keine Delikatessen«. In: *Werke*. Band 1. München, Zürich: Piper Verlag 1978.
160 Helga M. Novak: »Alltage«, ebda., S. 41.
160 Helga M. Novak: »dieser Wald«, ebda., S. 117.

Die Sonntage des amerikanischen Mädchens.
Über Lars Gustafsson

162 Lars Gustafsson: *Die Sonntage des amerikanischen Mädchens. Eine Verserzählung*. Deutsch von Verena Reichel. München: Carl Hanser Verlag 2008.
162 Lars Gustafsson: *Augenblick und Gedicht. Tübinger Poetik-Dozentur 2005*. Herausgegeben von Dorothee Kimmich und Manfred Koch unter Mitarbeit von Maik Bozza und Philipp Ostrowicz. Künzelsau: Swiridoff Verlag 2006.
164 Lars Gustafsson: *Die Maschinen. Gedichte*. Übersetzt von Hans Magnus Enzensberger. München: Carl Hanser Verlag 1967.

Jahrmarkt mit Sechsbeiner.
Über Charles Simic

166 Charles Simic: »Jahrmarkt«. In: Ders.: *Ein Buch von Göttern und Teufeln. Gedichte.* Übersetzt von Hans Magnus Enzensberger. © 1993 Carl Hanser Verlag München. Edition Akzente.

168 Charles Simic: »Wunderbare Worte, stille Wahrheit«. In: *Die Wahrnehmung des Dichters.* Über Poesie und Wirklichkeit. Ausgewählt und übersetzt von Thomas Poiss. München: Carl Hanser Verlag 2007.

Viel Science-Fiction spielt dort.
Über Les Murray

170 Les Murray: »Die Zukunft«. In: *Aus einem See von Strophen.* Hundert ausgewählte Gedichte. Übersetzt von Margitt Lehbert. Mit einem Nachwort von Thomas Poiss. Berlin: Edition Rugerup 2014.

Aller Orte kältester.
Über Wolfgang Hilbig

175 Wolfgang Hilbig: Bahnhof. Aus: Ders.: *Werke. Gedichte.* © S. Fischer Verlag GmbH, Frankfurt am Main 2008.

Was im Verborgenen war.
Über Karin Kiwus

179 Laudatio von Silke Scheuermann auf Karin Kiwus zum Orphilpreis für Lyrik 2014.
179 Karin Kiwus: »Das Gesicht der Welt«. In: *Das Gesicht der Welt. Gedichte.* Mit einem Nachwort von Mirko Bonné. Frankfurt am Main: Schöffling & Co. 2014, S. 248.
181 Karin Kiwus: »Leonardos Engel«, ebda., S. 316.
182 Karin Kiwus: »Übung in freier Malerei«, ebda., S. 9.
184 Karin Kiwus: »Geniestreich«, ebda., S. 85.
185 Karin Kiwus: »Kunst und Leben«, ebda., S. 152.

Es muss ja nicht gleich sein.
Über Doris Runge

187 Doris Runge: »blind date«. In: *was da auftaucht. Gedichte.* © 2010, Deutsche Verlags-Anstalt, München, in der Verlagsgruppe Random House GmbH.

Sich eine dünne Haut zulegen.
Über Thomas Brasch

191 Thomas Brasch: »Wer durch mein Leben will, muß durch mein Zimmer.« In: *Wer durch mein Leben will muß durch mein Zimmer. Gedichte aus dem Nachlaß.* Herausgeben von Katharina Thalbach und Fritz J. Raddatz. © Frankfurt am Main: Suhrkamp Verlag 2002. Alle Rechte bei und vorbehalten durch Suhrkamp Verlag Berlin.

Käfer und Raupe verlieben sich.
Über Ulla Hahn

196 Ulla Hahn: *Spiel der Zeit. Roman.* München: Deutsche Verlags-Anstalt 2014.
199 Ulla Hahn: »Anständiges Sonnett«. In: *Herz über Kopf. Gedichte.* Stuttgart: Deutsche Verlags-Anstalt 1981.

Stimmen aus dem harten Kern.
Über Ursula Krechel

201 Laudatio von Silke Scheuermann auf Ursula Krechel zum Orphilpreis 2012.
202 Ursula Krechel: *Stimmen aus dem harten Kern.* Salzburg: Jung und Jung Verlag 2005.
205 Bernhard Fetz: »Ernst Jandl«. In: *Der literarische Einfall.* Über das Entstehen von Texten. Herausgegeben von Bernhard Fetz und Klaus Kastberger. Wien: Paul Zsolnay Verlag 1998, S. 82–94.
206 Ursula Krechel: »Winterkampagne«. In: *Jäh erhellte Dunkelheit.* Salzburg: Jung und Jung Verlag 2005.
207 Ursula Krechel: »Weiß wie«. In: *Die da. Ausgewählte Gedichte.* Salzburg: Jung und Jung Verlag 2013.

207 Ursula Krechel: »Frage«. In: *Jäh erhellte Dunkelheit*. Salzburg: Jung und Jung Verlag 2005.
208 Ursula Krechel: »Mitschrift des Sommers«. In: *Jäh erhellte Dunkelheit*. Salzburg: Jung und Jung Verlag 2005.

Deine Lügen haben betörende Farben.
Über Raquel Chalfi

210 Raquel Chalfi: »Chamäleon«. Aus dem Hebräischen von Matthias Göritz und Eldad Stobetzki. Abdruck mit freundlicher Genehmigung der Autorin.
211 Evelyn Schlag: *Das L in Laura*. Wien: Paul Zsolnay Verlag 2003, S. 19.

Übungen in Gelassenheit.
Über Volker Sielaff

216 Volker Sielaff: »Exerzitien des Alltags«. In: *Selbstporträt mit Zwerg. Gedichte*. Wiesbaden: Luxbooks Verlag 2012.
218 Vgl. das Nachwort von Katharina Born in: Nicolas Born: *Gedichte*. Herausgegeben von Katharina Born. Göttingen: Wallstein Verlag 2004.

Über malende Dichter

220 Donald Friedman: *Und ich mischte die Farben und vergaß die Welt… Malende Dichter*. Mit einem Nachwort von John Updike, München: Elisabeth Sandmann Verlag 2008.
221 Ernst H. Gombrich: *Die Geschichte der Kunst*. Frankfurt am Main: S. Fischer Verlag 1996.

Quellennachweis

Einige der Texte erscheinen hier zum ersten Mal. Die anderen wurden für diesen Band überarbeitet und erschienen erstmals in:

Frankfurter Anthologie,
begründet 1974 von Marcel Reich-Ranicki, in:
Frankfurter Allgemeine Zeitung

Ein Spukkind zu Weihnachten. Über Theodor Storm (18.12.2010)
Wenn eine Scherbe die Ewigkeit spiegelt. Einer, über den nicht jeder spricht: Der (fast) vergessene Dichter Christian Wagner (2.7.2011)
Das Orakel des Blicks. Über Rainer Maria Rilke (1.12.2007)
Zeichen im Schattenland. Über Gottfried Benn (20.4.2013)
Längst kein Spiel mehr. Über Nelly Sachs (19.11.2011)
Hüterin der Verwandlung. Über Gertrud Kolmar (1.8.2009)
Vom Land leben, den Stern sehen. Über Carl Zuckmayer (5.12.2009)
Schätze in grüner, üppiger Schönheit. Über Friederike Mayröcker (28.7.2007)
Der nicht zu tilgende Makel. Elisabeth Borchers: Dichten gegen die Zeit, ihr zum Trotz (28.2.2009)
Der Stolz der Katze auf ihre neun Tode. Über Sylvia Plath (8.2.2013)
Die Sprache als Schule des Sehens. Über Charles Simic (11.10.2014)
Viel Science-Fiction spielt dort. Über Les Murray (11.9.2015)
Aller Orte kältester. Über Wolfgang Hilbig (24.3.2010)
blind date. Über Doris Runge (16.4.2011)
Sich eine dünne Haut zulegen. Über Thomas Brasch (16.6.2012)
Übungen in Gelassenheit. Volker Sielaffs Exerzitien des Alltags (17.11.2012)

Frankfurter Allgemeine Zeitung

Das sag ich nicht mehr. Über Ingeborg Bachmann (21.6.2008)
Käfer und Raupe verlieben sich. Ulla Hahns dritter Hilla-Roman, *Spiel der Zeit*, stürzt die Protagonistin in politische Wirren. (2.12.2014)

Lyrischer Moment, in: *Volltext. Zeitung für Literatur*

Über Arbeitsplätze: E. T. A. Hoffmann im Poetenstübchen und Wolfgang Hilbig im Heizkeller (1/2014 unter dem Titel »Heller noch als der Hades«)
Das spezielle Werkzeug. Über Ernst Jünger (6/2010 unter dem Titel »Ernst Jüngers Afterhaarpinsel«)
Lass mich alles wissen, was mitteilbar ist. Die Briefwechsel Bishop – Lowell und Celan – Bachmann (1/2009)
Twilight in den Föhrenwipfeln. Über Bestseller und Zen-Buddhismus (5/2010)
Warum Odysseus es im Paradies nicht so mochte (2/2011 unter dem Titel »Sich Sorgen machen ums Gedicht. Über Inger Christensen«)
Die Sonntage des amerikanischen Mädchens. Über Lars Gustafsson (4/2008 unter dem Titel »Zwischen Bibliothek und Gesundheitsteepause. Wie Lars Gustafsson sich *Die Sonntage des amerikanischen Mädchens* vorstellt«)
Deine Lügen haben betörende Farben. Über Raquel Chalfi (2/2010 unter dem Titel »Was haltet ihr eigentlich von Lyrikfestivals? Die israelische Dichterin Raquel Chalfi über Lügen, die Wahrheit generieren«)

Literarische Welt

Gatsbys Nachbarn. Hausordnung für Utopisten (4.5.2007)

WDR

Über malende Dichter, in der Sendung Kunstpause 11: Malende Dichter, vom 7.5.2014

»Kann nicht steigen nicht fallen. Helga M. Novaks Liebesgedichte« erschien als Nachwort des von Silke Scheuermann herausgegebenen Bandes Helga M. Novak: *Liebesgedichte*. Frankfurt am Main: Schöffling & Co. 2010.

Inhaltsverzeichnis

In der Werkstatt des Tätowierers
   Wie Gedichte entstehen. 7
Der Traum im anderen Körper
   Wie Arachne heute webt 29
Todunglücklich und jubelnd zugleich
   Wie man in der Sprache sehen kann 53
Über Arbeitsplätze:
   E. T. A. Hoffmann im Poetenstübchen
   und Wolfgang Hilbig im Heizkeller. 66
Ein Spukkind zu Weihnachten
   Über Theodor Storm. 71
Einer, über den nicht jeder spricht:
   Der (fast) vergessene Dichter Christian Wagner 75
Das Orakel des Blicks
   Über Rainer Maria Rilke. 80
Zeichen im Schattenland
   Über Gottfried Benn. 84
Längst kein Spiel mehr
   Über Nelly Sachs. 89
Hüterin der Verwandlungen
   Über Gertrud Kolmar. 93
Das spezielle Werkzeug
   Über Ernst Jünger 97
Gatsbys Nachbarn
   Hausordnung für Utopisten. 102

Vom Land leben, den Stern sehen
    Über Carl Zuckmayer 107
Schätze in grüner üppiger Schönheit
    Über Friederike Mayröcker 111
Dichten gegen die Zeit
    Über Elisabeth Borchers 115
Das sag ich nicht mehr
    Über Ingeborg Bachmann....................... 120
Lass mich alles wissen, was mitteilbar ist
    Die Briefwechsel Bishop – Lowell
    und Celan – Bachmann 124
Twilight in den Föhrenwipfeln
    Über Bestseller und Zen-Buddhismus............. 129
Der Stolz der Katze auf ihre neun Tode
    Über Sylvia Plath............................. 134
Warum Odysseus es im Paradies nicht so mochte
    Über Inger Christensen........................ 140
Kann nicht steigen nicht fallen
    Helga M. Novaks Liebesgedichte................. 144
Die Sonntage des amerikanischen Mädchens
    Über Lars Gustafsson 161
Jahrmarkt mit Sechsbeiner
    Über Charles Simic 166
Viel Science-Fiction spielt dort
    Über Les Murray 170
Aller Orte kältester
    Über Wolfgang Hilbig......................... 175
Was im Verborgenen war
    Über Karin Kiwus 179
Es muss ja nicht gleich sein
    Über Doris Runge 187
Sich eine dünne Haut zulegen
    Über Thomas Brasch.......................... 191

Käfer und Raupe verlieben sich
    Über Ulla Hahn 195
Stimmen aus dem harten Kern
    Über Ursula Krechel 201
Deine Lügen haben betörende Farben
    Über Raquel Chalfi 209
Übungen in Gelassenheit
    Über Volker Sielaff 213
Über malende Dichter 216

Hubert Spiegel: Funken, aus dunklem Stein geschlagen.
    Silke Scheuermann über das lyrische Schreiben 221

Anmerkungen 229
Quellennachweis 242